NADA TE TURBE

Nichts soll dich ängstigen

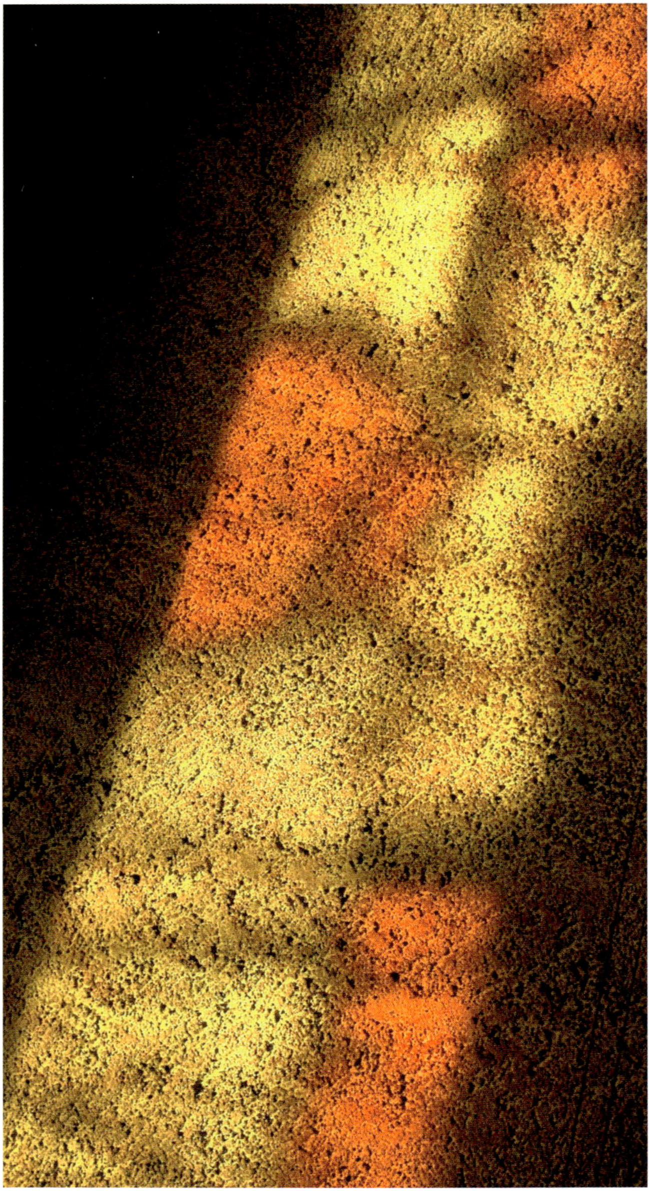

Bernhard Langenstein

NADA TE TURBE

Nichts soll dich ängstigen

Das Lied vom Vertrauen

PATTLOCH

Bibliografische Information der Deutschen Bibliothek

Die Deutsche Bibliothek verzeichnet diese Publikation in der Deutschen Nationalbibliografie; detaillierte bibliografische Daten sind im Internet über http://dnb.ddb.de abrufbar.

Umschlaggestaltung: zer o Werbeagentur, München
Lektorat: Hans-Peter Lembeck
Satz und Gestaltung: Hartmut Czauderna
Bildredaktion: Silvie Busche (Ltg.), Markus Röleke
Druck und Bindung: Offizin Andersen Nexö
Leipzig GmbH, Zwenkau
Printed in Germany

ISBN 978-3-629-02143-4

Bitte besuchen Sie uns im Internet:
www.pattloch.de

Inhalt

Der alte Mann und sein Gott

In Taizé, einem abgelegenen Dörfchen im Hügelland von Burgund, ist der 16. August 2005 ein stiller, friedlicher Sommertag. Der Abend ist hereingebrochen; es ist Zeit für das Gebet. Gegen 20.30 Uhr rufen Glocken über das campusartige Gelände. Etwa 2500 meist jugendliche Gäste, auch junge Eltern mit Kindern, einige ältere Menschen, folgen ihrer Einladung. Taizé ist der einzige Ort auf der Erde, an dem man Kinder nicht auffordern muss in die Kirche zu gehen. Sie gehen von allein, dreimal am Tag. Vor dem Eingang stehen junge Leute, die Schilder tragen mit Worten wie »silence« oder »Stille«. Die meisten Taizéfahrer benötigen diese Aufforderung nicht. Sie kommen in Ruhe und innerer Freude heran, kommen aus einem erfüllten Tag, an dem sie in der Heiligen Schrift gelesen, miteinander gesprochen oder meditiert haben, an dem sie die nüchternen, aber intensiven Weisungen der Brüder gehört haben und am Mittag vielleicht eine Stunde durch das idyllische Ameugny, das Dorf der Blumen und Steinmauern, spaziert sind. Jetzt gehen sie still herbei, ein wenig müde vielleicht von der gemeinsamen Arbeit – wer in Taizé ist muss damit rechnen, dass er zum Toilettenputzen eingeteilt wird oder zum Spülen. Sie kommen mit einem Lächeln auf den Lippen für den Unbekannten, der ihnen die Tür aufhält oder ein Liederheft in die Hand drückt. Die schlichte, weiträumige Kirche, in der man nur auf dem Boden, allenfalls noch auf einer Betontreppe, sitzen kann, umfängt sie mit dem warmen Licht der vielen Kerzen im Altarraum. Alles ist einfach und vertraut. Taizé ist in einem permanenten Grundklang von Freude, seit Jahrzehnten schon. Sorgenfreie Zone. Eine Oase des Friedens. Und keiner weiß, wie sie das machen.

Nach und nach treffen auch die weiß gekleideten Brüder in der Kirche ein – es sind auffällig viele junge Männer darunter – eindrucksvolle Gesichter aus vielen Nationen, unter ihnen ihr Gründer und Leiter, der 90-jährige Frère Roger. Wie es üblich ist, setzen sich Kinder spontan um den alten Mann mit der liebevollen Ausstrahlung. Es gibt junge Eltern in der Kirche, die es vor 25 Jahren schon so gemacht haben, als sie selber noch Kinder waren. Es ist ihm lieb so. Frère Roger macht sich nichts aus sich, hält das Getue um ihn, gar seine Bücher, für überflüssig. Er hört gerne zu, versucht sein Gegenüber liebevoll wahrzunehmen statt zu dozieren. In seiner Jugend, unter dem Eindruck der Zerrissenheit des Kontinents, war ihm an einem Spätsommerabend seine Berufung klargeworden. Er, Roger Schutz-Marsauche, war dazu da »bei jedem Menschen *alles zu verstehen*. An jenem Tag«, notiert er in sein Tagebuch, »war ich überzeugt, dieser Entschluss würde bis zum Tod gelten. Es ging um nichts Geringeres als darum, das ganze Leben lang immer wieder auf diesen unaufhebbaren Entschluss zurückzukommen: mehr danach zu trachten, alles zu verstehen, als selber verstanden zu werden.« So wurde er der große liebevolle Zuhörer. Nicht einmal bei der Einweihung der großen Versöhnungskirche, Anfang der Sechziger Jahre, wollte er das Wort an die Festgemeinde richten.

Dennoch ist dieser kleine Frère, an dem nun alles alt ist außer den Augen, das »Herz« dieses Ortes; er hält ihn in Gang. Doch dieses Herz *pumpt* nicht; es ist nur da in einer Art nichtphysischer Präsenz und Effizienz. Je weniger Frère Roger aus sich macht, je mehr er manchmal recht unwirsch von sich weg- und auf Gott hinweist, je einfacher dieser prophetische alte Mann wird, je physisch ohnmächtiger er ist, desto stärker strahlt er.

Keine Frage: Seine Kräfte sind verbraucht. Er kann nicht mehr richtig gehen; alles ist anstrengend für ihn. Wenn er die vielen Jugendlichen segnet, die seine Nähe suchen – Gelegenheit dazu ist einmal in der Woche, in der Nacht der Lichter, der Auferstehungsfeier am Samstagabend – so schafft er nur noch 50, manchmal nur noch 30 Segnungen, bevor ihn der begleitende Mitbruder vor dem physischen Zusammenbruch bewahrt und ihn auf dem Rollstuhl aus der Kirche schiebt. Viele, die den Segen empfingen, berichten von einem außerordentlichen Moment: Erkannt und angeschaut, angelacht worden zu sein aus tiefster Seele, die Hand auf dem Kopf gespürt zu haben, die Kraft des Segens *sinnlich* gefühlt zu haben, die von diesem gottesdurchlässigen Mann ausging. Die Besucher des Gottesdienstes wollen ihn sehen und hören. Auch an diesem Montag, dem 16. August 2005, warten alle darauf, dass Frère Roger ein paar jener ganz einfachen Worte spricht, mit denen er Gott herbeiruft, ihn sehnsüchtig unter die Menschen bittet – Worte, die er mit brüchiger, kaum mehr verständlicher Stimme ins Mikrofon haucht: »Viens, Esprit Saint ...« (= Komm, Heiliger Geist) – mehr versteht man meist nicht.

Kurz nach dem ersten Lied tritt eine junge rumänische Frau – die Polizei wird ihren Namen später mit »Luminita Zamfira Solcan« angeben – von hinten an den greisen Prior der Communauté heran. Mit einem Messer der Marke Laguiole, das sie in einem Angelgeschäft im nahen Cluny erstanden hat, sticht die offenkundig paranoide Frau plötzlich auf Frère Roger ein. Der Angriff kommt aus dem Nichts; der unmittelbar neben ihm betende Bruder, auf den sich Frère Roger die letzten Jahre stützte, kann den greisen Gründer von Taizé nicht schützen. Besucher des Gottesdienstes kümmern sich um die Frau, die plötzlich ganz entspannt zu sein scheint. Frère Roger wird von Brüdern der Communauté hinausgetragen; Ärzte kämpfen um sein Leben. Aber sie können nicht verhindern, dass der an der Halsschlagader verletzte alte Mann gegen 20.45 Uhr in den Armen seiner Brüder verblutet und zu dem zurückkehrt, nach dem er immer wieder so sehnsüchtig gerufen hatte.

Über zwanzig Jahre zuvor muss Frère Roger eine Ahnung beschlichen haben, was es heißen könnte, sein Leben und seinen Leib auf die Geheimnisse Christi hin auszuspannen: »*Wer sich darauf einlässt, durch sein Leben ein Stück vom Geheimnis Christi weiterzugeben, wer selbst in den Durststrecken seines Lebens auf Christus vertraut*«, heißt es in den mit ›Einer Liebe Staunen‹ überschriebenen Tagebuchaufzeichnungen, »*weiß, dass diese Entscheidung mit sich bringen kann, unmerklich auf das Martyrium zuzugehen. Doch gleich was geschieht, niemals endet dieser Mensch in einem unwiderruflichen Misserfolg: von allen Seiten in die Enge getrieben, findet er doch Raum; wird er auch niedergeschlagen, er ist doch nicht vernichtet. Wer die Folgen des Rufs Christi bis zum Letzten auf sich nimmt, bemerkt, dass sein Herz universal wird: ohne Selbstgefälligkeit wird er allem zuhören, die Not und Verzweiflung der Menschen mittragen können. Statt sich zu verhärten, statt dem Leiden gegenüber abzustumpfen, wird er mit den Jahren im Herzen unendlich weit. Woher kommt es, dass ein solcher Mensch weder gebeugt noch erschöpft ist, obwohl er an den Rand seiner Kräfte gedrängt ist, obwohl er das Todesleiden Jesu an sich trägt, das Elend aller Menschen auf der Erde. Dies ist sein Geheimnis: in jedem Augenblick legt er alles in die Hände Christi, die Anfechtungen der anderen, seine eigenen, alles, was auf ihn einstürzt. Würde er nicht sogar noch für seine*

Feinde beten, überließe er einen Teil von sich selbst der Finsternis. In dieser fortwährenden Übergabe an Gott, werfen wir alles, selbst unsere körperliche Erschöpfung, auf ihn. Und alles atmet neues Leben, so frei, dass sich der Auferstandene selbst an unserem Körper zeigt. Mit unserem Körper singen wir sein Lob. Von neuem beginnt alles in uns zu singen bis zur Lebensfülle: Jubilate Deo, Jubilate Deo.« Nun liegt der alte Mann da in seinem Blut, tödlich verwundet an der Halsschlagader.

Die meisten Besucher des Gottesdienstes können von ihrem Platz aus nicht sehen, warum es Unruhe gegeben hat und was da eigentlich genau mit Frère Roger geschehen ist. Sie werden die Tragödie in ihrer Mitte erst nach dem Ende des Abendgebetes erfahren. Die Brüder unterbrechen den Gottesdienst nicht. Nach einer kurzen Pause von kaum einer halben Minute leuchtet an der Wand die »23« auf, das Zeichen, dass nun das Lied »Laudate omnes gentes, laudate dominum« zu singen ist – »Lobt, ihr Völker alle, lobt den Herrn!«. Nichts verändert sich. Die gleichen Lieder, die gleichen Texte wie jeden Tag. Hat nicht der Vater aller Mönche, Benedikt von Nursia, in seiner Regel aus dem 6. Jahrhundert den Satz aufgestellt: »Dem Gottesdienst soll nichts vorgezogen werden«?

Die Nagelprobe

Nichts? Nicht einmal ein Mord? Nicht einmal der gewaltsame Tod des weltbekannten Mannes? Nicht einmal das frische Blut auf dem Teppich mitten in der Kirche? Nicht einmal die verstörten Kinder und Jugendlichen? Nicht einmal die notwendigen Ermittlungen der Polizei? Die Brüder beantworten die Fragen spontan und auf ihre Weise: Nein, dem Gottesdienst ist in diesem Augenblick nichts auf der Welt vorzuziehen. Bei Benedikt gibt es eine einzige Regel, die der absoluten Priorität des Gottesdienstes Konkurrenz gemacht hätte: »Die Sorge für die Kranken muss vor und über allem stehen: Man soll ihnen so dienen, als wären sie wirklich Christus ...« – aber Frère Roger war zu diesem Zeitpunkt nicht krank, sondern tot. Man konnte für ihn nichts tun, als das, was man ohnehin tat: Beten.

Die Brüder informierten und trösteten ihre Gäste mit einem kurzen Wort, Die Kinder, die in der Nähe waren und vielleicht zuviel gesehen hatten, beteten in den Armen ihrer Eltern. Die Jugendlichen beteten, indem sie näher zusammenrückten und sich an den Händen fassten. Vorne in der Kirche flackerten die vielen Kerzen und warfen warmes Licht auf das Rotgold des Kreuzes. Es war, als hätte die Wirklichkeit jenes spanische Lied eingeholt, das man in Taizé immer und immer wieder singt, das auch an diesem Abend in nicht enden wollenden Wiederholungen den Raum und die Herzen erfüllte, das Lied, das zu einer Art Markenzeichen des stillen Ortes in Burgund geworden ist: *Nada te turbe* ... – Nichts soll dich verwirren!

Nada te turbe. Das Lied geht auf ein »Gebet« aus dem 16. Jahrhundert zurück – aber »Gebet« ist eigentlich das falsche Wort, denn Gott wird in diesem kurzen Text gar nicht angesprochen. Es handelt sich eher um ein Poem, eine knapp gefasste spirituelle Einsicht, eine Lebensregel. Man fand sie einst als Zettel im Nachlass einer gewissen Teresa Sánchez de Cepeda y Ahumada, einer Frau, deren Brüder als spanische Konquistadoren der zweiten Generation hervorgetreten waren. Von dieser Frau wird noch die Rede sein.

Nada te turbe

Musik: J. Berthier. © Ateliers et Presses de Taizé, F-71250 Taizé-Communauté

Der Urtext der Lebensregel wurde für das Taizé-Lied etwas gekürzt; sie lautet in der ausführlichen Version so:

Nada te turbe,	*Nichts soll dich verwirren,*
nada te espante,	*nichts dich erschrecken!*
Todo se pasa,	*Alles vergeht.*
Dios no se muda,	*Gott ändert sich nicht.*
La paciencia	*Geduld*
todo la alcanza;	*erreicht alles.*
Quien a Dios tiene	*Wer sich an Gott hält,*
nada la falta:	*dem fehlt nichts;*
Solo Dios basta.	*Gott allein genügt.*

Kein Zweifel, das »Nada te turbe« ist eine Art Summary von Taizé. Nichts soll dich verwirren! *Nada! – Nichts!*

Dabei ist es zunächst höchst verwirrend in Taizé anzukommen – in der Stille zu landen, der Einfachheit, dem Vertrauen. Immer hat man ja sich selbst im Gepäck, trägt seine Skepsis mit sich, sein Bündel an Sorgen und Problemen; und manch einer strandet in ramponiertem psychischen Zustand an den Empfangsbaracken, den Toren der Zeltstadt, um sich für eine Woche einzuschreiben. Wer noch nie dort war, will, kaum dass er angekommen ist, am liebsten gleich wieder weg. Man braucht zwei Tage Taizé, um zu verstehen, dass man nichts braucht – zwei Tage, um den

Schock der Einfachheit zu überwinden, auch die Konfrontation mit der eigenen inneren Unruhe, und sich auf einem irritierend anderen Plateau der Bedürfnisbefriedigung und der Kommunikation wiederzufinden. Junge Leute, die selbst nur auf Zeit dort sind, improvisieren die Verwaltung des Wenigen, inszenieren spontane Gastfreundschaft, geben dir einen Platz zum Schlafen, einen Job, ein paar Essensmarken, nehmen dich auf in den merkwürdigsten Orden der Welt. Und irgendwann liest man auf einem Blatt:

»*Mach dir keine Sorgen, wenn du kaum etwas zu teilen hast: ganz geringen Glauben, nur wenig Besitz. Teilst du dieses Wenige, schenkt Gott dir eine Überfülle des Herzens, die nie versiegt.*«

Nada te turbe! Nichts soll dich verwirren! Nichts dich erschrecken! Lass dich nicht verrückt machen – nicht einmal von dir selber. Das ist der Geist des Ortes – und er breitet sich epidemisch aus. Jeder lernt von jedem. Und plötzlich fließen auch die eigenen Quellen und tragen dazu bei, dass man sich mitteilt. Einfach so. Die Dinge sind geregelt: »*Vergiss es nicht*«, sagt Frère Roger in ›Die Quellen von Taizé‹: »*Gott kümmert sich um alles, was dir Sorgen macht*«.

Gott improvisiert mit dir. Du musst nur ein bisschen mitspielen. Musst Vertrauen haben! Loslassen, ablassen von dem Krampf, mit dem du dein Ding durchziehst! Die großen Pläne herunterfahren! Schauen, was Gott mit mir vorhat, wie er mich führt! Offenwerden für einen Gott, der will, dass wir glücklich werden, glücklich auf eine verrückte, übermäßige Art, weit jenseits unserer Vorstellungsmöglichkeiten und

kleinbürgerlichen Glücksfantasien! Jenseits auch der Etiketten und Kategorien, die Christen füreinander bereithalten. Aufhören mit dem Jeder-muss-sehen-wo-er-bleibt, mit all diesen verzweifelten Versuchen der Selbstbeglückung! Still werden! Hören lernen! Aufmerksam werden für die kleine Geste des Nebenmenschen wie für das göttliche Geheimnis, das aus Stille spricht. Wenn wir sie nur aushalten. Wenn wir

uns *Ihm* nur hinhalten in unserer Nacht. Nichts soll dich verwirren! *Nada te turbe!*

Je tiefer man mit seinem Geheimnis vertraut wird, desto mehr versteht man: Taizé baut nicht auf einem monastischen Masterplan auf, nicht auf Geld und Strategien – Taizé gibt es, weil dieser Ort auf Gott gebaut ist, weil er vibriert vor kühnem, steilem Gottvertrauen. Taizé war und ist bis zur Nachlässigkeit desorganisiert. Nur die Gottesdienstzeiten stehen fest und dass Lied 23 nach Lied 14 kommt, zumindest heute Abend. Alles ist vorläufig, alles wie zum Aufbruch/Abbruch/zur Veränderung bereit, wenn ER es will, ER es wollen sollte. Es ist, als habe Frère Roger ohne viele Worte eine einzige lange Predigt hinterlassen, die Predigt vom kleinen, demütigen Vertrauen auf den lebendigen Gott, der sein Volk, seine Leute auf *seine* Weise führt, der uns braucht als ein Werkzeug der Veränderung und Versöhnung in der Kirche und in der Welt. Es ist als habe er um dieses wie eine Kerze im Wind flatternde kleine Vertrauen ein ganzes Dorf gebaut, als habe er Menschen um dieses kleine Licht versammelt und sie teilhaben lassen an seinem Vertrauen auf Gott.

Aber ist nicht jeder vor Gott allein? Frère Roger ging es nicht um Vertrauen aus zweiter Hand, als könnte es ein besonderer Ort oder ein charismatischer Anderer oder die Magie einer euphorisierten Menge sein, die dem Einzelnen das Vertrauen in Gott schenken könnte und den Glauben, dass ER da ist und es gut mit uns meint. In Taizé gibt es keine Instanzen, die sich zwischen Gott und die Menschen schieben. Frère Roger ist der Lehrer der Stille, der auf leisen Sohlen weggeht, wenn sie zu wirken beginnt: »*In jedem Menschen findet sich ein Stück Einsamkeit, das keine menschliche Nähe auszufüllen vermag. Und dennoch bist du nie allein. Lass dich ausloten bis in dein innerstes Sein, und du wirst sehen, dass in der Tiefe deines Wesens, dort, wo kein Mensch dem anderen gleicht, Christus dich erwartet*«.

In der Tiefe von Ich – das ist das Geheimnis der Liebe – wartet nicht *Ich*, sondern ein *Du*, das Du Gottes.

Auf dem Grund unserer Seele erblicken wir nicht noch einmal uns selbst, sondern wir schauen in das Angesicht Gottes. Wir finden uns, indem wir uns verlieren. An anderer Stelle spricht Frère Roger von der Erfahrung Gottes und dem einzigen Weg dort hin: »*In der Stille deines Herzens flüstert er: Hab keine Angst, ich bin da!*«. Lass dich nicht verwirren. Hab keine Angst. Gott sieht dich. Er ist dir nahe. Er schenkt dir seine Liebe und will, dass Du mit Liebe antwortest. »*Er ist Brennen im Herzen des Menschen, Licht in der Dunkelheit, er liebt dich wie seinen Einzigen*«. Er ist, was du im Tiefsten brauchst: »*Gott bittet dich darum, im Vertrauen des Glaubens dich Christus zu überlassen und seine Liebe zu empfangen*«.

Wem man in die Hände fällt ...

Nun ist dieser Mann der Gewalt zum Opfer gefallen. »Ich habe schon einmal daran gedacht«, sagte ein Bruder später, dass ihm eines Tages etwas zustoßen könnte, durch eine psychisch kranke Person ... er hat sich nicht geschützt«. War Frère Roger vielleicht vertrauensselig? Das war er – in der Tat. Seine Seligkeit war zu vertrauen – war es, verstehend, liebevoll und schutzlos auf die Menschen zuzugehen. Er wollte in der Offenheit keine Gefahren sehen, oder er sah sie nur in ihrem Gegenteil: in der Abgrenzung, im Aufrüsten, im Nicht-Kommunizieren mit dem Fremden. »Seit meiner Jugend habe ich mein ganzes Leben hindurch den Wunsch gehabt, nie jemanden zu verurteilen. Für mich war das Wesentliche im Verhältnis zu jedermann, stets alles von ihm zu begreifen.« Frère Roger verachtete Mauern, Trennungen, Schutzzäune. Er liebte die Grenzüberschreitung, die Begegnung, die Versöhnung. Mauern waren in seiner geistigen Landschaft nicht denkbar. Nicht zwischen Himmel und Erde und nicht zwischen Mensch und Mensch, und schon gar nicht unter den Christen. Mauern vermitteln die trügerische Illusion, man sei sicher. In Wahrheit sorgen sie dafür, dass man allein ist. Wer sich öffnet, macht sich verletzlich, das wusste er wohl.

Er, der sich die letzten Jahre immer stärker danach gesehnt hat Gott in die Hände zu fallen (» ... *in meiner Seele brennt ein Durst, er ist Erwartung Deiner Gegenwart*«), fiel in die Hände der Menschen. Das ist manchmal dasselbe, wie man an Jesus sehen kann. Wo das Gute stark ist, da sammelt sich das Böse – das ist eine Realität in der Welt, bis ein neuer Himmel und eine neue Erde kommen – und wenn es sich äußert in der wirren Tat einer psychisch gequälten Frau. Man kann sicher sein: Hätte Frère Roger von seinem Ende gewusst, er hätte kein Jota von seiner Einladung in das Gott-Vertrauen zurückgenommen. »*Wirkliches Glück wird dem zuteil, der die Risiken dieser Liebe auf sich nimmt, ohne sich darum zu kümmern, was es ihn kosten wird*«, hätte er gesagt, wie er es in zahlreichen Varianten immer wieder gesagt hat, wenn er nach der Kosten-Nutzen-Rechnung des Abenteuers mit Gott gefragt wurde. *Nada te turbe!* Gott verändert sich nicht, er bleibt sich immer treu. »Gott kann nur lieben«, überschrieb Frère Roger im Jahr 2003 einen Brief an die Jugendlichen. Frère Roger war nicht blind; er sah durchaus die Widersprüche, denen er schließlich selbst zum Opfer fiel. Trotzdem hielt er um diesen seines Gottes Willen an einem Konzept fest, in dem richtiges, tolles, spannendes Leben mit bedingungsloser Liebe, mit der Torheit der Hingabe beginnt – weil es die Art Gottes ist, und weil es die Wahrheit ist, und weil Gott nicht anders kann als zu sich und seiner Art zu stehen, was immer der Augenschein auch Gegenteiliges hervorbringt: »*Wer sich für sich selbst bewahrt, läuft Gefahr, ein lebender Toter zu sein. Wenn man das einzige Ziel des Lebens im Überleben sieht, fehlt dem Dasein jeder Sinn. Wer bereit ist, sein Leben zu verlieren, hört einen Ruf, der über ihn selbst hinausweist.*«

So hat er also sein Leben verloren. Doch es ist, als würde Frère Roger sagen: Mir fehlt nichts. Ich habe mehr als alles. Und auch Euch wird nichts fehlen. *Solo Dios Basta!* Gott allein genügt – nicht Vater, nicht Mutter, nicht Lehrer, nicht Freunde, nicht Vorbilder. Und dennoch hing er an seinen Brüdern, an den Jugendlichen, an seiner Familie. Auch nicht materielle Sicherheit, nicht Ansehen, nicht Glück im Dauerabonnement. Und dennoch freute er sich an den Schönheiten der Schöpfung. Aber: Gott allein genügt. Mehr brauche ich nicht, mehr braucht ihr nicht. Und wenn ihr in der Gefahr seid, euch mit weniger zu begnügen, dann denkt daran: *Solo Dios basta!* Nur Gott genügt. Nichts hilft sonst. Nichts reicht sonst aus. Nichts befriedigt sonst.

»Keine Selbstgenügsamkeit!«, sagt Frére Roger, »Geh ohne Zögern weiter. Du wirst entdecken, was das Herz weit macht: Der Mensch verwirklicht sich nur in der Gegenwart Gottes«.

Nada te turbe – oder: eine Lerngeschichte des Vertrauens

Springen wir 500 Jahre zurück, genauer gesagt in das Jahr 1582, und begeben wir uns in ein spanisches Frauenkloster, nach Alba de Tormes. Dort stirbt am 4. Oktober 1582 an einem Blutsturz eine prominente Besucherin, eben jene Teresa Sánchez de Cepeda y Ahumada, in deren Nachlass man den Zettel mit dem »Nada te turbe« findet. Die Sterbende hat eine wilde, dramatische Biographie und hält sich zum Entsetzen ihrer frommen Umgebung für die »größte Sünderin der Welt«.

Eine ganz unmögliche Frau

Wäre der päpstliche Nuntius in Spanien zugegen gewesen, er hätte ihr möglicherweise beigepflichtet, nannte er Teresa Sánchez doch bereits 1575 ein »unruhiges, herumstreunendes, ungehorsames und verstecktes Weib«. Und hatte die Verstorbene nicht schon in ihrer Autobiographie von 1562, »La Vida«, die sie auf Befehl ihres Beichtvaters verfasste, geschrieben, sie sei »ein Weib – und obendrein kein gutes«? Da liest man denn, dass sie *»auf diesem stürmischen Meer des Lebens fast zwanzig Jahre lang von Wellental zu Wellental«* gefallen sei – *»und wenn ich mich erhob, so nur um neu zu*

fallen«. Gerne hätte sie ihre Abstürze freimütiger und ausführlicher geschildert, doch ihr Beichtvater Domingo Banez, der Donna Teresa mehrfach vor den Werkzeugen der Inquisition bewahrte, wollte keine Details, wollte nicht die Nachtseite und also keine *Chronique Scandaleuse* einer großen Sünderin; er wollte ein Loblied auf Gott und seine Gnadengeschenke haben.

Teresa Sánchez hatte von der Natur einige Gaben mitbekommen, mit denen man es schwer hat, fromm zu werden, fromm zu sein. Nach allen schriftlichen Quellen, die wir kennen – es gibt leider kein Bild aus den jungen Jahren – war sie groß und schwarzhaarig, eine rassige Schönheit mit gehörigem Temperament und funkelndem Charme, jedoch auch einer »unwiderstehlichen Neigung zum Zorn und zur Unverträglichkeit«, wie sie sich in einem ihrer 15 000 Briefe anklagt, zudem mit ausgeprägt sinnlichen Anlagen. Der amourös beschlagene Augustinus und die Sünderin Maria Magdalena waren ihre Lieblingsheiligen. Zeit ihres Lebens, auch noch im Kloster und auch noch in ihren letzten Jahren, hatte sie es mit den Männern, pflegte sie intensive Freundschaften mit ihnen. Während Augustinus formulierte: »Unruhig ist unser Herz, bis es ruht in Gott«, wartet Donna Teresa mit einer nicht unwesentlichen Hinzufügung auf: »Meine Seele kann nie Ruhe finden außer bei Gott und bei Männern, die mich verstehen«. Dem 30 Jahre jüngeren Karmelitermönch Jerónimo Gracián, auf den sie zuletzt ein Auge geworfen hatte, schrieb sie in den letzten sieben Jahren, die ihr bis zu ihrem Tod blieben, beinahe täglich – nicht zum völligen Vergnügen des frommen Mannes. Noch die alte Dame schwärmt von den 20 Tagen, die sie in der Nähe Jeronimos, des Freundes, verbracht hatte: »Ohne Übertreibung, es waren, glaube ich, die schönsten Tage meines Lebens«. Ihre Beziehung »rein platonisch« zu nennen, fällt angesichts der Beimengungen an »Eros« schwer. Sagen wir es ungeschützt: Teresa Sánchez war eine Erotikerin. Sie musste heftig und leidenschaftlich lieben, blühte in Gegenwart des anderen Geschlechtes förmlich auf. Gewisse fromme Männer, die ihr über den Weg liefen, waren vor ihrer Hingerissenheit nicht per se geschützt. Ihre Beziehung zu Gott, der nun weder Mann noch Frau ist, würde man am besten als »love-affair« bezeichnen.

Faible für die Liebe

Lösen wir das Rätsel um jene Donna Teresa Sánchez und nennen wir sie bei dem Namen, unter dem die spanische Ordensfrau bis heute bekannt ist: Teresa von Avila (1515–1582). Die Frau, die sich selbst mit dem Superlativ »größte Sünderin der Welt« belegte, feiert die Kirche heute mit einem ganz anderen Superlativ; man spricht von ihr als der »größten Mystikerin der Christenheit«. Neben Katharina von Siena ist sie seit 1970 die einzige Frau, der man den Titel eines Kirchenlehrers beigelegt hat. Mit der Erhebung in so schwindelerregende kanonische Höhen und dem Eintrag ins Heiligenverzeichnis ließen sich freilich ihre realen Spuren nicht löschen. In Rom, in der Cappella Cornaro, im linken Querhausarm der Kirche S. Maria della Vittoria, hat der Bildhauer Bernini sie auf eine Weise verewigt, dass sie, die immer nur Skandal machte, sich auch nach ihrem Tod treu blieb. Bernini wollte die Verzückung der Teresa in der mystischen Vereinigung mit Gott darstellen. Dazu fällt durch einen Engel von seitlich oben ein (göttlicher) Pfeil ein, bei dem man keine freudianische Phantasie benötigt, um ihn phallisch inspiriert zu finden, während die Verzückung der Teresa deutlich erotisch-ekstatische Züge trägt. Die besseren Biographien sind manchmal nicht mit Tinte geschrieben.

Bernini bezog sich auf eine Engelsvision Teresas, von der sie erzählt: »*Es kam mir vor, als durchbohrte er mit dem Pfeil einige Male mein Herz bis aufs Innerste, und wenn er ihn wieder herauszog, so war es mir, als zöge er diesen innersten Herzteil mit heraus. Endlich verließ er mich ganz entzündet von feuriger Liebe zu Gott. Der Schmerz dieser Verwundung war so groß, dass er mir die erwähnten*

Klageseufzer auspresste; aber auch die Wonne, welcher dieser ungemeine Schmerz verursachte, war so überschwänglich, dass ich unmöglich von ihm freizuwerden verlangen, noch mit etwas Geringerem mich begnügen konnte, als mit Gott.«

Blaustrümpfe mögen das too much finden – wie sich da »Liebe« ereignet. Sie werden auch das Hohelied im Alten Testament nicht mögen. Teresa mochte es – natürlich mochte sie es, kommentierte sie es! Wie sich da Geliebter und Geliebte nacheinander sehnen, wie sie sich suchen in der Nacht, wie sie sich entkleiden, ihre Schönheit entdecken und sich vereinigen: So ist das, wird Teresa nicht müde zu sagen, mit Gott und dem Menschen – eine Liebesgeschichte eben!

Eine sinnliche, vielleicht etwas komplexe, aber hinreißend schöne Frau – und dann dieser mysteriöse Zettel »Nada te turbe!« – wie geht das zusammen? Tanzt man nicht durch's Leben, gehen da nicht alle Türen auf, wenn man gut aussieht, wenn man die Welt liebt, wenn man Geld, Charme, Witz und Geist hat? Welche Veranlassung hat ausgerechnet Teresa das »Nada te turbe!« im Gepäck zu haben wie ein geheimes Lebensmotto, wie eine Regel, die man überall mit sich hinträgt, die man jeden Tag liest, um wieder an seinen roten Faden zu kommen? Welche Erfahrungen stehen dahinter? Ein Mensch, der das »Nada te turbe!« als geistigen Rettungsanker mit sich trägt, muss grenzwertige Dinge erlebt haben: Pleiten, fundamentale Selbstzweifel, geplatzte Illusionen, gescheiterte Versuche, Gratwanderungen, Abstürze. Sonst braucht man das nicht ... Manches an diesem kleinen Papier erinnert übrigens an den geheimnisvollen Zettel, den man nach dem Tod im Mantelsaum des französischen Mathematikers und Philosophen Blaise Pascal fand: »Feuer, Feuer, Feuer. Gott Israels, Gott Jakobs ... nicht der Philosophen« – ein Dokument, das nicht mehr zulässt, dass man Pascal ohne das grundstürzende Gotteserlebnis liest, das hier bezeugt wird.

Ein Freund in der Nacht

Niemand weiß genau, wann das »Nada te turbe!« entstanden ist. Wenngleich wir es in Band 4/2 der »opera omnia« und nur in Teresas Handschrift überliefert finden, stammt es möglicherweise nicht einmal von ihr selbst. Es würde – so mutmaßen die Forscher – auch gut zu Juan de la Cruz (1542–1591) passen, ebenso wie zu Pater Jerónimo Gracian, ein Freund der ungewöhnlichen Ordensfrau. Dieser Juan de la Cruz (*La Noche oscura* – Die dunkle Nacht), Karmeliter wie Teresa, ist ebenfalls kein Unbekannter. Die Spanier zählen den Heiligen zu den größten Dichtern und Lyrikern ihrer Sprache. Juan de la Cruz – eine strenge, ins Jenseits fühlende, mystische Gestalt. Aber nicht als lyrisierender Metaphysiker trat er in den Horizont Teresas, sondern als Mann, der ebenso leidenschaftlich wie Teresa eine Reform des heruntergekommenen Karmeliterordens anstrebte. Genauer gesagt war es Teresa, die den jungen Priester ab 1563 für ihren Plan gewann, Reformklöster zu gründen – und so waren es denn zwei, die glühten vor Eifer für die große Sache.

Nun macht man sich mit nichts unbeliebter als mit der Idee, Brüdern und Schwestern, die sich im falschen

Geist wohnlich eingerichtet haben, eine »Reform« angedeihen zu lassen. Allein die fromme Absicht brachte beide in dem Jahrhundert, in dem in Spanien die Inquisition wütete, in dem getuschelt und gezischt wurde, in dem man für den Besitz des falschen (frommen) Buches die Todesstrafe erleiden konnte, in die allergrößten, nämlich in lebensgefährliche Schwierigkeiten. Teresa wurde angefeindet, verleumdet, verklagt. Man hintertrieb ihre Bemühungen, unterband sie gewaltsam, erklärte sie für besessen, wollte den Exorzismus über sie sprechen. Ihre engsten Mitarbeiter wanderten ins Gefängnis. Teresa war zeitweise in akuter Gefahr, den »Engeln« (so sprach Teresa in verklausulierter Rede von der Inquisition) in die Hände zu fallen. Nicht anders erging es dem jungen Rebell Juan de la Cruz: Die eigenen Mitbrüder setzen ihn kurzerhand gefangen, sperrten ihn in ein dunkles Loch, verweigerten ihm selbst Kleider zum Wechseln, geißelten ihn vor versammelter Kommunität. Erst nach neun Monaten konnte Juan de la Cruz auf Graf-von-Monte-Christo-Art dem klösterlichen Horrorszenario entfliehen, ohne zu wissen, ob er dem langen Arm seiner sadistischen Brüder dauerhaft entkommen konnte.

Beide waren sie Mystiker, Menschen also, denen eine besonders intensive Gotteserfahrung zuteil geworden war. Und so kann man sich denken, wie Juan und Teresa in all diesen schrecklichen Prüfungen, im Dauerzustand äußerster Bedrängnis, beieinander saßen, sich aufbauend in Freundschaft, sich bestärkend, sich Trost zuflüsternd, freilich nicht billigen Trost – nicht zwischen ihnen und nicht, wo alles auf der Kippe stand. Darf man sich vorstellen, dass es nach einer solchen Stunde gewesen ist, dass Teresa sich etwas aufschrieb in ihrer charaktervoll festen, geradezu künstlerischen Handschrift, was sie nicht mehr vergessen wollte?

Dieses intime, vertraulich hingeraunte »Nada te turbe« des Freundes: dass Teresa es niederschrieb, weil sie in ein paar aus dem Augenblick entstandenen Worten ihren roten Faden fand? *Nichts soll dich verwirren, nichts dich erschrecken! Alles vergeht. Gott ändert sich nicht. Geduld erreicht alles. Wer sich an Gott hält, dem fehlt nichts. Gott allein genügt.* War es so gewesen, weil sie unerklärliche Stärke daraus gewann, Stärke, die nicht aus ihr kam? War es so, dass sie im Lautwerden des Freundes die Stimme Christi wieder erkannte: »Sorgt euch nicht um euer Leben und darum, dass ihr etwas zu essen habt, noch um euren Leib und darum, dass ihr etwas anzuziehen habt ... Macht euch also keine Sorgen« (Mt 6,25.31)?

Wie immer die konkreten Umstände gewesen sein mögen, in denen zwischen dem Mystiker Juan de la Cruz und der Mystikerin Teresa von Avila das *Nada te turbe* entstand – es wurde zur geheimen Regel, zum Schlüssel ihres ganzen Lebens. Versuchen wir ihr Leben aus dem *Nada te turbe* heraus zu lesen, das Teresa irgendwann in der Mitte ihrer Tage zufiel.

Nichts soll dich verwirren!

1515 wird Teresa in Avila geboren. Ihre Mutter entstammt dem altkastilischem Adel, ihr Vater ist der Sohn eines im Kontext der Inquisition zwangsbekehrten Juden. In ihrer Familie spiegelt sich die ganze Tragödie einer Nation, die den »guerra contra infieles«, den Krieg gegen die Ungläubigen, auf ihre Fahnen geschrieben hatte, dabei aber vollkommen durchsetzt war von muslimischen, maurischen, jüdischen Wurzeln, ja fast nur aus solchen bestand – ein, wie Friedrich Heer meint, »loser Verband von oberflächlich ›bekehrten‹ Mauren und Juden und von rebellischen Individualitäten«.

Die Inquisition erscheint als die Frucht dieser vertrackten Sucht nach Rechtgläubigkeit auf dem schwankenden Boden eines nicht in den Tiefen bekehrten Volkes, wobei die misstrauisch beäugten und noch über Generationen verfolgten »Conversos« häufig die schlimmsten Verfechter der Orthodoxie sind. Unter dem Leichentuch der reinen Lehre entwickelt sich ein explosiver religiöser Underground von Sektierern und Illuminaten, und werimmer nicht das Formelhafte herbetet, sondern Fühlung aufzunehmen sucht mit dem lebendigen Gott, läuft Gefahr, in die unerbittlichen Mühlen der Inquisition zu geraten. Alle großen spanischen Heiligen dieser Zeit – Ignatius, Teresa, Johannes vom Kreuz – werden dies zu spüren bekommen.

Teresa wird in eine Zeit hineingeboren, in denen sich innerhalb weniger Jahre das vertraute Bild der Erde verändert. Sie kommt zur Welt vier Jahre vor dem Thesenanschlag in Wittenberg und 23 Jahre nach jenem denkwürdigen Tag im Jahre 1492, an dem gleichzeitig die Juden des Landes vertrieben werden und der von Juden abstammende Christoph Columbus auf Weltentdeckung geht. Fünf Brüder der Teresa werden ihre Schwerter umschnallen und »para las Indias« aufbrechen, um ihrem katholischen König eine ›Neue Welt‹ und ihrem christlichen Gott Millionen neuer Christen zuzuführen ...

Es ist im Umfeld also alles gerichtet, dass aus Teresa Sánchez in religiöser Hinsicht nichts werden kann. Die Schilderungen ihrer Kindheit zeigen widersprüchliche Anlagen: Die jugendliche Teresa ist einerseits »putzsüchtig« (wie eine altbackene Übersetzung die Tatsache umschreibt, dass Teresa am liebsten vor dem Spiegel sitzt), andererseits fromm, spanisch fromm: Sie brennt mit dem Lieblingsbruder Rodrigo durch, um gegen die Mauren zu ziehen und im Maurenland den Martyrertod zu erleiden und damit den Himmel zu gewinnen, wird aber rechtzeitig wieder eingefangen. Es scheint dieser Ausbruch freilich weniger die Frucht frühen Glaubens als die Frucht »schlechter Lektüre« zu sein. Wie Girlies heute süchtig nach ihrer Soap sind und gelegentlich Traum und Wirklichkeit nicht mehr unterscheiden können, so ist Teresa süchtig nach den Soaps ihrer Zeit: Ritterromanen (ein Genre, das damals in Spanien so beliebt ist, dass Cervantes den Schund karikieren muss – auf diese Weise entsteht der »Don Quichote«). Nach dem Tod ihrer Mutter steckt ihr Vater die selbstverliebte und vergnügungssüchtige 16-Jährige in ein Augustinerinnen-Internat, das sie wegen Krankheit jedoch bald verlässt. Immer wieder – ihr ganzes Leben lang – wird sie von inneren Kämpfen mitgenommen werden, die sich in psychosomatischen Erkrankungen niederschlagen. Der Aufenthalt bei den Augustinerinnen hat für heftige Irritationen bei Teresa gesorgt: Die Ordensfrauen beeindrucken sie und lassen sie wieder schwanken zwischen den Extremen »Gott« und »Welt«, zwischen radikaler Entsagung und sinnlichem Genuss.

1535 neigt sich die Waage in Richtung Gott. Es kommt zu einem steilen, spanisch-selbstquälerischen Entschluss: Gegen den skeptischen Vater ringt sich Teresa dazu durch, in das Menschwerdungskloster (»Encarnación«) der Karmeliterinnen in Avila einzutreten. Es fällt der 20-Jährigen so schwer, dass sie meint, ihr würden »alle Knochen im Leib gebrochen« werden.

Nichts soll dich erschrecken!

Ihr Eintritt zeitigt einen doppelten Schrecken bei Teresa: Was ist das für ein Kloster! und: Was bin ich für ein Mensch! Das Kloster »Encarnación« (= Kloster von der Menschwerdung Gottes) in Avila ist aus einem sogenannten »Beaterio« hervorgegangen, einer Art religiös überformten WG von ungefähr 180 adligen Damen. Es gibt zwar Gelübde, auch eine Menge *good will*, aber von einer Klausur und damit einer wirklichen Trennung von der Welt kann nicht die Rede sein. Das »Encarnación« ist ein feines Haus, eine perfekt organisierte, in sich erstarrte Welt, ohne Innerlichkeit, ohne Spiritualität, ohne Führung. Die Damen haben Dienerschaft nach Kassenlage und halten Hof. Teresa muss das vorher gewusst haben. Man fragt sich, wie sie da hinkommt, was sie ausgerechnet dort will. Das »Encarnación« ist keine spirituelle Adresse, kein Ort unbedingter Gotteszuwendung, eher ein Zwitter aus Religion und Kultur, eher eine ums Fromme bemühte,

ins Fromme schillernde Versorgungsanstalt, ein Kompromiss aus großer Geste und großbürgerlichem Lifestyle.

Will Teresa genau das? Erika Lorenz, bedeutende Kennerin der Heiligen von Avila, macht dazu eine interessante Anmerkung: »›Nonne spielen‹ war dem Kind Teresa ein herrlicher Verkleidungsspaß, und es fehlte nicht an Stimmen, die meinen, sie habe auch im Kloster 18 Jahre lang nur Nonne gespielt.« War die traurige Gestalt, die Teresa in diesen Jahren abgab, die neueste Folge ihres persönlichen Ritterromans? Miguel de Cervantes (1547–1616) hat den »Ritter von der traurigen Gestalt« ein für allemal beschrieben und damit sowohl Teresas Konquistadoren-Brüder als auch ein Stück von Teresa selbst karikiert.

1537 legt sie ihre Gelübde ab und verpflichtet sich auf Dauer zum Ordensleben im Karmel, was ihre innere Unruhe nicht beendet. In »La Vida« – ihrem 1560 verfassten Lebensbericht – beschreibt sie ihren Zwiespalt: »*Ich kann wohl sagen, dass es das unerfreulichste Leben war, das man sich vorstellen kann. Denn weder Gott noch die Welt machten mich glücklich. Mitten im weltlichen Vergnügen fiel mir ein, was ich Gott schuldete und betrübte mich; war ich innerlich bei Gott, so beunruhigten mich die weltlichen Neigungen. Ich weiß nicht, wie ich einen derart mühsamen Krieg länger als einen Monat aushalten konnte ... Mehr als 18 Jahre lag ich in dem Kampf und Widerstreit, zugleich Gott und der Welt dienen zu wollen.*«

Teresa ist tief unglücklich. Sie ist beliebt im Kloster; sie hat Manieren; sie kann parlieren, bezaubert die Gäste. Aber sie ist unglücklich. Es geht zu wie im Taubenschlag – und mittendrin irrlichtert sie, lacht sie und spielt hübsche junge Nonne. Sie versucht ernsthaft zu beten, kann sogar klug darüber reden. Aber sie ist unglücklich.

Irgendetwas stimmt nicht. Teresa will ein genussvolles Leben und genussvolle Meditationen, will Flirten und Entsagen, will Gott und die Welt gleichzeitig, will alles, ist hin- und hergerissen, hat niemand, der die oberflächlich bekehrte junge Frau berät oder begleitet; kein Freund ist da, der ihr den Weg weist, niemand, der ihr die Angst nimmt. Wenn sie allein in der Zelle ist, ist sie in der Sackgasse, haust sie im Schrecken eines nichtigen Lebens. Teresa ist untätig, hat zuviel Zeit zum Grübeln, wird krank darüber. Innen ist Krieg – außen klösterlicher Salon.

1539 macht der Körper das Doppelleben nicht mehr länger mit. Die innerlich Zerrissene erkrankt so schwer, dass man Befürchtungen haben muss. Ihr betuchter Vater holt die junge Ordensfrau vorübergehend aus der »Encarnación« heraus, um sie in Berceda einer »curandera«, einer Heilerin in die Hände zu geben – einer fatalen Quacksalberin, wie sich bald herausstellt. Auf der Reise zur *curandera* fällt Teresa ein gefährliches Buch in die Hände, das »Tercer Abecedario Espiritual« (Drittes spirituelles ABC), das ihr Leben langsam, aber tiefgreifend verändern wird.

Der Mann, der es geschrieben hat, der Franziskaner Francisco d´Osuna (1482–1541) ist im Spanien dieser Jahre verdächtig; er scheint den Illuminaten (»Erleuchteten«) nahe zu stehen und behauptet so aufrührerische Dinge wie, dass die äußeren kirchlichen Zeremonien nichts seien ohne die innere Ergriffenheit des Herzens. Das ist ketzerisch, findet die Inquisition, ganz nahe am Denken des erzbösen Doktor Luther, der zur gleichen Zeit in Deutschland das Ritual, die Liturgie, überhaupt die sichtbare Kirche schmäht und die subjektive Gottesgewissheit des Einzelnen besingt. Hatte man nicht 1525 in Granada gleich drei venezianische Fregatten aufgebracht, bis oben hin gefüllt mit Luthers Ketzerschriften? Die Inquisition versteht keinen Spaß.

Und nun kommt die seelisch wie körperlich erschütterte Teresa und liest in einem subversiven religiösen Buch, dessen Sprengkraft wir heute nicht mehr verstehen; und sie lernt daraus. Was sie lernt, und was sie auf einen überaus abenteuerlichen Weg bringen wird, klingt unspektakulär: Sie lernt das innere Gebet. Später wird sie, die in der Welt zeremonialer Formeln aufwuchs und Gebete als Varianten höfischer Etikette kennen lernte – ein Gebet war etwas, das man formell *darbrachte* – wird Teresa also das Gebet auf eine Weise beschreiben, wie es zuvor undenkbar war: Gott habe sich ihr zu erkennen gegeben »*als jemand, der jederzeit zu sprechen ist*«. Und sie wird zu ihm beten, indem sie sagt: »*Man kann sich mit Dir einfach über alles unterhalten!*« Und sie wird definieren: »*Beten ist nichts anderes als ein Gespräch mit einem Freund, mit dem man oft und gern allein zusammenkommt, um mit ihm zu reden, weil wir sicher sind, dass er uns liebt.*«

Eine wunderbar warme, junge und schöne Definition, nicht zuletzt deshalb, weil darin auch der Mensch Teresa vorkommt, die Frau, die so leidenschaftlich und bis zuletzt nach Liebe verlangte und die sich kaum etwas Schöneres vorstellen konnte als *Freundschaft* mit all ihren Facetten: mit dem Freund allein sein, mit dem Freund sprechen, mit dem Freund die Liebe genießen.

Alles vergeht

Doch bevor sie die Gelegenheit erhält, die Gedanken Francisco d´Osunas zu erproben, wird Teresa in die tiefste Krise ihres Lebens gestürzt. Zwischen April und Juli 1539 verschlechtert sich ihr Gesundheitszustand unter dem Einfluss der Rosskur in Berceda dramatisch. Es kommt zu akuten Herzproblemen. Teresa hat den Eindruck, als würde sie »mit spitzen Zähnen gebissen, und viele meinten, ich hätte die Tollwut!« Das Verhängnis nimmt seinen Lauf. An Mariä Himmelfahrt, dem 15. August 1539, verfällt sie in einen todesähnlichen Zustand, der fast vier Tage anhält. Als sie nicht mehr das Bewusstsein erlangt, macht man die Todesprobe: Ihre Augenlider reagieren nicht mehr auf herabträufelndes heißes Wachs. Im Kloster wird ein Grab ausgehoben und an anderer Stelle ein Trauergottesdienst abgehalten.

Wie durch ein Wunder erlangt Teresa wieder das Bewusstsein, kommt langsam zu Kräften, kann sich aber über Jahre hinweg kaum bewegen. Die bis auf die Rippen abgemagerte 24-jährige junge Frau ist ein klösterlicher Pflegefall. Die Hölle ihrer Schmerzen nimmt sie in eine harte Schule, verwandelt sie Stück um Stück. Sie kann nicht mehr beten, wie es die Regularien erfordern, denn sie liegt nur da, manchmal unfähig auch nur einen Finger zu bewegen. Aber sie erinnert sich an Francisco d´Osuna und tritt auf andere Weise mit Gott in Kontakt: »*Ich versuchte, so gut ich konnte, Jesus Christus in mir gegenwärtig zu halten. Dies war meine Art zu beten.*« Sie versetzt sich einfach in die Gegenwart Jesu, ist dabei, wenn er lehrt, teilt seine Passion und sein Sterben – eine Freundin Jesu, die mit dem Herzen beteiligt ist.

Langsam kehrt sie ins normale Leben zurück, zuerst auf Krücken, dann kann sie sogar wieder frei gehen. Sie weiß nun: »*Man gewinnt an einem einzigen Tag mehr durch das Ertragen der Drangsale, die von Gott oder dem Nächsten kommen, als in zehn Jahren durch selbstgewählte Leiden.*« Sie weiß, dass Gott da ist in ihrem Leben. Sie weiß sehr wohl, dass sie verschont wurde, dass die grauenhafte Leidensgeschichte nur eine Momentaufnahme in einer größeren Geschichte Gottes mit ihr war. Sie versteht immer mehr von Gott. Aber sie versteht nicht genug – nicht genug für ein neues, anderes Leben. Teresa wird permanent rückfällig; sie kommt existenziell nicht mit. Es scheint, als habe »gerade die wachsende Gottesliebe den Blick auf die eigene Person zum verzagten Schrecken werden lassen« (Erika Lorenz). Sie will sich in Gottes Arme werfen, aber dann krallt sie sich wieder an das bisschen Leben, das in ihr ist. Sie hat alles – aber kein Vertrauen. Wo ist das Vertrauen? Wo wohnt es? Wo ist es zu Hause? Aus verständlichen Gründen entdeckt sie es nicht in sich; aber sie ortet es auch nicht in Gott. »*Ich bat allerdings den Herrn, dass er mir helfe, aber wie mir jetzt scheint*«, bekennt Teresa in ›La Vida‹, »*habe ich darin gefehlt, dass ich nicht ganz und vollständig mein Vertrauen nur auf seine Majestät setzte*« – ›Su Majestad‹, so spricht sie von Gott – »*und das Vertrauen auf mich selbst nicht ganz und vollständig beiseite ließ*«.

Teresa kann nicht loslassen, will nicht loslassen; sie ist immer noch fixiert auf sich, wird immer müder über ihre scheiternden Versuche, sich zu überspringen. Dabei führt sie mit Gott ganz kuriose Dialoge: »*Fülle doch, mein Schöpfer, keine so kostbare Flüssigkeit in ein solch zerbrechliches Gefäß. Vertrau einen solchen Schatz nicht jemandem an, der ihn vergeuden wird, weil er noch nicht lernte auf oberflächliche Befriedigungen des Lebens zu verzichten. Du kannst doch auch die Sicherheit einer Stadt und die Schlüssel zu ihrer Festung nicht einem feigen Bürgermeister anvertrauen, der schon beim ersten Ansturm den Feind einlässt.*«

Sie redet fromm daher, aber in Wirklichkeit ächzt sie unter Gott wie unter einer Last, die sie vollbringen muss und die sie heillos überfordert. Sie ist kein

Tugendheld, sie ist, wie sie bekennt, »ein Weib – und obendrein kein gutes!«

Damit könnte die Geschichte der Teresa von Avila mit einem schalen Remis enden – wie all diese falschen Legenden, die man uns lange, lange als Christentum verkauft hat, und die doch das genaue Gegenteil davon sind: Tugendhuberei. Unglaube. Selbsterlösung. Legenden dieser Art enden mit: » ... Und sie wurde alt und demütig. Und sie starb im Ruf der Heiligkeit wie im Gefühl eigener Schwäche.« Gott kommt nur am Rande in diesen Geschichten vor. Er grüßt von Ferne als der Vollkommene, den Menschen immer nur Beschämende, Bedrückende. Er geht vorbei in Herrlichkeit. Und der Mensch bleibt klein zurück. Ein ewiger Loser. Ein schäbiges Etwas, der Liebe nicht wert.

Gott ändert sich nicht

39 Jahre muss Teresa werden, davon 18 Jahre im Kloster verbringen, um in einem eigentlich schon verkorksten Leben noch einmal eine wirkliche Wende zu schaffen – ein tröstlicher Gedanke übrigens, dass man seinen Durchbruch möglicherweise noch vor sich haben kann, wenn man schon ein paar Jahre auf dem Buckel hat. Teresa hat ihre eigene Wende so überraschend und so nachhaltig in ihren Auswirkungen empfunden, dass sie davon sagen konnte: »*Gepriesen sei Gott, der mich lebendig Tote ins wirkliche Leben rief*«.

Wenn man von der Geschichte etwas verstehen will, muss man zwei Dinge beachten: 1. Teresa hat mindestens ihre 18 Klosterjahre leidenschaftlich daran gearbeitet, die Wende *selbst* zu schaffen; 2. Teresa hat diese Wende aus eigener Kraft nicht zustande gebracht, obwohl sie eine willensstarke, kraftvolle, realistische Persönlichkeit war, obwohl sie manche Einsichten hatte, auch erste mystische Begnadungen erfahren und bereits eine bedeutende spirituelle Lerngeschichte hinter sich hatte. Es liegt also nicht an Willen, Fleiß und Intelligenz.

Teresa vollbringt keine Wende; sie *wird* gewendet. Die eine Stunde, in der das Leben einer bemühten, aber zerrissenen und unglücklichen Nachfolgerin Christi vom Kopf auf die Füße gestellt wird – ist ein Anstoß von außen, ein Eingriff in die Biographie durch *Gott*. Menschen stellen sich Gott immer wie ein totes Prinzip vor, das in irgendwelchen Abgründen des Seins haust und dem man mit äußerster Anstrengung des Begriffs auf die Schliche kommt. Doch Gott kann man nicht begreifen. Begriffe sind tote Konstrukte. Gott *macht* sich allerdings begreifbar, *er selbst* – das ist die einzige Konstante, darin bleibt Gott sich treu. Er ist lebendig. Lässt sich nicht in Formeln pressen, nicht in Büchern fixieren, nicht durch Ritualien bannen, nicht durch asketische Übungen beeindrucken, nicht durch Scharfsinn herbeizwingen, nicht in Vergangenheit einsperren, nicht vorausberechnen. Plötzlich ist er da. Er spielt mit, wo man ihn nicht künstlich ausschließt, ja vielleicht sogar dort. Oder dort erst recht. Und manchmal ist ein Kloster mit ganz viel *good will* eine einzige traurige Veranstaltung zur Verhinderung Gottes. Lassen wir Teresa selbst zur Sprache kommen:

»*Die Seele war mir schon müde geworden, aber mein oberflächliches Leben ließ sie nicht zur Ruhe kommen.*

Da geschah es, als ich eines Tages das Oratorium betrat, dass ich ein Bildnis erblickte, das man in Erwartung eines bestimmten Festes schon dorthin gebracht hatte. Es war ein wundenbedeckter Christus, so ausdrucksvoll und ergreifend, dass mir sein Anblick die Seele erschütterte ... Da warf ich mich tränenüberströmt vor ihm nieder und flehte ihn an, dass er mir Kraft gebe, ihn nie mehr zu verletzen ... und so warf ich mich ihm innerlich zu Füßen in der Meinung, er könne meine Tränen nicht von sich weisen ... «

Und nun muss man genau hinhören! Die kopernikanische Wende im Leben der Teresa von Avila, sie ereignet sich im darauffolgenden Satz:

»*Aber dieses eine Mal, von dem ich erzählte, vor diesem Bild schien mir die innere Wirkung größer zu sein, denn ich setzte mein Vertrauen nicht mehr in mich, sondern in Gott. Ich glaube allerdings, ich sagte ihm, ich würde mich nicht wieder erheben, wenn er mein Flehen nicht erhöre. Und ich bin sicher, dass mir das half, denn von diesem Augenblick an ging es rasch aufwärts mit mir.*«

»Ich setzte mein Vertrauen nicht mehr in mich, sondern in Gott«

Es gibt andere wichtige Stunden im Leben der Teresa von Avila. Aber es war diese Stunde, in der ihr die Zentnerlast des Hilf-dir-selbst-sonst-hilft-dir-keiner genommen wurde. Dieser eine Satz bringt die Wende. Und, dass sie einfach nicht mehr aufstehen würde, wenn er, Gott, sie nicht endlich, endlich erhören wolle. Ein Mensch erklärt seinen Bankrott; er stellt keine Bedingungen mehr: »Ich kann nicht mehr!« Gott sieht nur den rückhaltlosen Vertrauensvorschuss, dessen anderer Name Glaube ist. Das ist es, was die spanische Ordensfrau in einem blitzartigen Zusammenschluss mit Martin Luther verbindet, den wiederum die Art geekelt hatte, wie eine degenerierte Christenheit Gott mit guten Werken zu kaufen suchte. Nein, all unsere Anstrengungen helfen uns nichts, die Werke erlösen uns nicht – das *Vertrauen* allein erlöst, der Glaube an den lebendigen Gott. Teresa war als Ordensfrau, die sich müde arbeitete, am Projekt der Selbstvervollkommnung ebenso gescheitert wie der skrupulöse Martin Luther, der in seinen Mönchsjahren vor lauter Ehrfurcht fast nicht die Heilige Messe feiern konnte. In Teresa ist das berechtigte Anliegen der Reformation im Herzen der Gegenreformation angekommen.

»*Gepriesen sei der Herr, der mich von mir selbst erlöst hat!*« – lesen wir in ›La Vida‹.

Hat Teresa erst mit 39 Jahren Glauben gelernt? Es ist denkbar, an den Veränderungen ablesbar. Von nun an kommt ein Wind auf im Leben der einst so unglücklichen Donna Teresa Sánchez, die sich ab 1563 Teresa de Jesús nennen wird, der ihre Segel voll in den Wind stellt. Ihr ganzes Leben im Konjunktiv, ihr schlaffes theoretisches Konstrukt von *könnte, würde, sollte,* wird zum glühenden Indikativ der Gegenwart Gottes. Von 1554 bis 1582 sind es noch 28 Jahre, in denen Teresa von Avila es fertig bringt, nach und nach zu einem der bewegendsten und aktivsten Menschen des ganzen Jahrhunderts zu werden – und gleichzeitig in einer Stille zu ruhen, in der die ewige Liebe Gottes sich mit menschlicher Liebe mystisch vereinigt.

Mystik halten viele für etwas Abseitiges. Mystik ist aber kein Psi-Phänomen am Rand des Rationalen, auch keine Technik für spirituelle Akrobaten. »Mystik«, setzt der Theologe Klaus Berger ganz weit unten an, ist »die Definition der Welt unter Einschluss der Existenz Gottes und der Annahme der Möglichkeit von Interaktion mit allen ›Personen‹ und ›Mächten‹ der unsichtbaren Welt. Mystik geschieht Tag für Tag millionenfach, wenn Menschen beten, an Erhörung der Gebete glauben, wenn sie sich im Leben geführt, ge-

schützt und getröstet wissen.« Viele Menschen sind darin Mystiker, dass sie beten, hoffen und glauben in ein Dunkel hinein. Die *großen Mystiker* sind Menschen, denen das Licht von der anderen Seite her entgegenkommt. Wir werden es bei Teresa von Avila sehen.

Da steht sie da – eine Frau um die Vierzig, die schon ganz viel Lebenszeit verplempert hat, mit einem durch Krankheit ruinierten Körper, alleinstehend, mit psychischen Problemen, ohne sichtbare Leistungsbilanz, mehr bedroht als gestützt von ihrer Kirche, eingesperrt in ein schreckliches Jahrhundert, geistig isoliert, gebunden an eine immobile Wohngemeinschaft adliger Damen, nicht zuletzt voller Sehnsucht nach Freundschaft, Liebe, Zärtlichkeit. Eine ungewöhnliche Biographie? Aber das ist doch das Problem vieler Menschen in der Lebensmitte, dass sie unausgefüllt sind, sich angezählt fühlen, wenig Spektakuläres auf die Beine gestellt haben, dass ihre Beziehungsversuche gescheitert oder unbefriedigend sind, dass sie sich eingesperrt wissen in eine berufliche oder familiäre Konstellation, dass sie sich ungeliebt fühlen, auch selbst kaum Liebe haben, weder zu sich, noch zu einem anderen Menschen. Und wer hat schon genug Liebe? Ganz tief da drinnen haust die Angst zu kurz zu kommen.

Das ist die Zeit, in der viele ausbrechen – Männer wie Frauen. Eine neue Beziehung! Ein neuer Beruf! Eine neue Stadt! Noch einmal anfangen! Noch einmal das Glück herausfordern! Es ist auch die Zeit, in der religiös noch einmal eine Entscheidung fällt: »Unter allen meinen Patienten jenseits der Lebensmitte«, schreibt C. G. Jung, »das heißt jenseits 35, ist nicht ein einziger, dessen endgültiges Problem nicht das der religiösen Einstellung wäre. Ja, jeder krankt in letzter Linie daran, dass er das verloren hat, was lebendige Religionen ihren Gläubigen zu allen Zeiten gegeben haben, und keiner ist wirklich geheilt, der seine religiöse Einstellung nicht wieder erreicht, was mit Konfession oder Zugehörigkeit zu einer Kirche natürlich nichts zu tun hat.«

Eben dies ist Teresas Problem. Sie dreht dabei nicht durch, springt nicht aus den Geleisen. Über sich selbst macht sie sich keine Illusionen mehr. Sie beweist Geduld, versteht im Dunkeln zu warten, lernt vertrauen. Und dann macht sie in der Lebensmitte diese endgültige Erfahrung: Von der anderen Seite her kommt ihr Licht entgegen. Nicht irgendein Licht – *das* Licht. Ab 1556 hat sie immer stärkere Visionen und Schauungen, und zwar mit einer Evidenz, angesichts deren sie *»überhaupt nicht zweifeln kann, dass sie in Gott war und Gott in ihr. Sie* (Teresa meint hier ihre Seele) *ist dieser Wahrheit so sicher, dass sie auch nach Jahren, und wenn ihr Gott gar keine weiteren Gnaden mehr mitteilte, nicht daran zweifeln kann, dass es so war«.*

Teresa sind ihre Erfahrungen peinlich; sie stellt sie Priestern vor, die sie beraten und darüber entsetzt den Kopf schütteln. Aber die Wucht der Erfahrung ist stärker; das ›Du‹ spricht; neue, noch stärkere Beweise der Präsenz Gottes erschüttern sie. Sie ringt nach Worten, will sich verständlich machen: *»Im Allerinnersten (muy muy interior), in einer ganz großen Tiefe – ich kann nicht sagen, wie es ist, weil ich wissenschaftlich nicht gebildet bin«* entdeckt Teresa, dass sie nicht allein ist. Ihre innere Leere ist nicht mehr da.

DA IST JEMAND.
MUY MUY INTERIOR!

Nicht allein? Sind wir nicht zuletzt auf uns zurückgeworfen? Findet der Mensch, wenn er in sich geht, in seine Seele schaut und den Anblick der eigenen Schwäche erträgt, nicht doch nur immer sich selbst? Unter

unserer Haut: noch eine andere, und darunter wieder eine andere und noch eine andere, ewige Verhüllungen eines ungreifbaren Ich. Ist da im Kern vielleicht gar nichts? Sind wir am Ende *nur* Hülle? Kommen wir darum nicht in die Tiefe, nicht zu uns? Teresa von Avila macht eine fundamental andere Erfahrung: Auf dem untersten See ihrer Seele findet sie nicht noch einmal ihr Ego gespiegelt, *muy muy interior,* im tiefsten Innersten, kommt ihr unverhofft ein wirkliches ›Du‹ entgegen. Es ist der, den sie ein ganzes Leben gesucht hat – Gott: *»Hätte ich früher erkannt, was ich jetzt weiß, dass der winzige Palast meiner Seele einen so großen König beherbergt, dann hätte ich ihn nicht so häufig darin alleingelassen!«.*

Der Mensch, schreibt Teresa in »Las Moradas del Castillo interior« (Wohnungen der Inneren Burg), ist die Wohnung Gottes. In uns ist soviel Leere, damit nichts den Raum ausfüllt, in dem Gott sein möchte.

Wer sich an Gott hält, dem fehlt nichts. Gott allein genügt

Gott allein – ist das nicht leeres Gerede? Es gibt ein paar geschaffene Dinge – Dinge, die nicht Gott sind, und die man sehr wohl braucht. Wir leben nicht von Luft und Liebe, haben Hunger und Durst; wir brauchen Raum zur Entfaltung und ein Dach über dem Kopf; wir benötigen eine gute Regierung, Frieden vor allem, aber auch Geld; wir sehnen uns nach Anerkennung, Liebe und Sex. Wer sich an Gott hält, dem fehlt nichts? *Solo Dios basta?* Hat Gott damit überhaupt etwas zu schaffen, dass es uns gut geht, dass wir zu uns kommen und haben, was wir brauchen? Klingt es nicht wie blanker Hohn in den Ohren derer, die das tägliche Brot eben nicht haben, denen ein Erdbeben die Wohnung in Trümmer gelegt hat, die sterben, ehe sie angefangen haben zu leben, die aufgrund einer Behinderung nie zu einem erfüllenden Beruf, nie zu einer Liebesbeziehung kommen, die einfach im falschen Land, zur falschen Zeit, im falschen Körper geboren wurden? Soll man denen sagen: Gib dich zufrieden – Gott allein genügt?

Solo Dios basta!, versichert Teresa von Avila. Sie sagt nicht: *Dios solo basta!* Das verschiebt den Akzent: Allein Gott genügt, müsste man besser übersetzen – oder: Nur Gott genügt. Nur Gott kann das sein, was dich im Letzten zufrieden stellt, worin du Erfüllung findest. Nur bei Gott wird deine Suche zu Ende sein. Nur er ist ein zureichendes Ziel. Auf ihn hin ist dein Leben gespannt. *Solo Dios basta!* meint also: Hab das Ganze deines Lebens im Auge! Verrate deine Träume nicht! Lass die Hoffnung nicht fallen, den Pfeil nicht zu früh sinken. Ziele weit genug! Gott allein ist zugleich der zureichende Grund, der Horizont und die Vollendung deines Lebens.

Einmal hat Teresa ein Gesicht, in der sich ihr die Totalität der Wirklichkeit erschließt. Sie sieht, *»dass man in Gott alle Dinge schaut, weil er alle in sich enthält«*. Gott erscheint ihr wie ein klarer Diamant, *»viel größer als die ganze Welt, und dass man wie in einem Spiegel all unser Tun in diesem Diamanten erblickt, da er alles umschließt; denn es gibt nichts, was seine Größe übersteigt. Es schien mir unfasslich, alle Dinge in diesem lichten Diamanten zusammenzusehen, und es schmerzte mich daran zu denken, dass auch so hässliche Dinge wie meine Sünden sich in dieser klaren Reinheit spiegelten.«*

Ein Bonmot sagt: Mystiker wissen nicht mehr; sie wissen es nur früher. Im Tod werden alle Schleier fallen. Wir werden die Dinge sehen, wie sie sind und warum sie sind wie sie sind. Wir werden das Schmerzliche im Zusammenhang sehen, das Schöne im verdienten Licht, das Verbrecherische in seiner Nichtigkeit, uns selbst in unserer Wahrheit – und Gott in seiner Liebe, die so unfassbar sein muss, dass sie jeder einzelnen Träne eines Kindes und allen Leiden unschuldiger Opfer standhält. Teresa, der Mystikerin, wird ein Blick hinter die Kulissen gestattet. Sie sieht, was ist. Teresa schaut gewissermaßen die dritte Dimension der Wirklichkeit, schaut ihr Gefüge wie in Zeitlupe, schaut das Sein in seinen nie erblickten Zusammenhängen, seiner geheimnisvollen Tiefe. Sie sieht das Ganze, sieht, dass unser Sehnen und unsere Wünsche, unser Tun und unser Leiden, unser Wirken und unser Scheitern einen unendlichen Widerhall haben. Wir können nicht aus Gott herausfallen; die kleinste Regung berührt die Totalität von allem, was ist. Es ist wie in einem Konzertsaal mit einer idealen Akustik: Wenn in einer Ecke eine Stecknadel fällt, macht es in der anderen Ecke ›pling‹. Aber diese kleinste Regung beeinflusst das Ganze nicht nach der Art, in der ein defektes Rädchen das System einer Schweizer Uhr aus dem Gleichgewicht bringt. Jedes versteckte Leiden, jede noch so geringe Bewegung, jeder verborgene menschliche Gedanke, jeder Traum, jede heimliche Sehnsucht – ja jeder Vogel, der singt, jeder Stein der fällt, jeder Flügelschlag eines Schmetterlings – *rührt ein Herz, berührt die Liebe selbst*. Gott, das sagt schon der 1. Johannesbrief, »ist die Liebe« (1 Joh 4,8). Alles, was da in mystischer Zeitlupe läuft, spielt im Raum der Liebe.

Die Mystik der Teresa von Avila kreist um das Wort »Liebe«. Liebe ist das, was die Dinge im Innersten zusammenhält. Deshalb steht die Welt nicht plötzlich in bonbonfarbenem Licht. Teresa blendet auch die Nachtseiten des Menschlichen nicht aus. Weder werden die Leiden negiert – ihre eigenen nicht, auch nicht die der anderen – noch ist es eine Welt ohne Sünde (Teresa reflektiert ausdrücklich die Frage, wie es sein könne, dass sie – nach allem, was sie gesehen hat – sündigt, sogar schwer sündigt). Es ist eine unvollendete, in sich verfangene Welt. Aber diese Welt ist im Umbruch, wird verändert durch »Liebe«. Das ist der erlösende rote Faden. Liebe ist der Maßstab menschlichen Handelns: *»Der Herr sieht nicht so sehr auf die Größe der Werke, sondern auf die Liebe, mit der sie vollbracht werden«*. Liebe ist die Triebkraft persönlichen

Wachstums: *»Der Fortschritt der Seele besteht nicht im vielen Denken, sondern im vielen Lieben«*. Liebe ist der Schlüssel des Verstehens: *»Gott zu erkennen, das ist der Liebe vorbehalten«*. Das kann hier auf der Erde schon geschehen – dann tut sich der Himmel einen Spalt auf – im Sterben geschieht es auf jeden Fall. Was damit gemeint ist? Es gibt dieses wunderbare Bild, wo sich Mutter Teresa von Kalkutta liebevoll einem sterbenden alten Mann zuwendet. Man ist fasziniert von den Augen des Alten: In ihnen spiegelt sich schon der Himmel. Liebe ist die Wahrheit. Die Wahrheit ist Liebe.

Ihre Zeitgenossen nehmen es hin, dass sie von Liebe spricht, sogar von der Möglichkeit eines freundschaftlichen, vertrauten, liebevollen Umgangs des Menschen mit Gott: *»Man muss wissen, dass Freundschaft und Verbindung mit Gott in diesem Erdenleben möglich sind ... Sie sind realer als alle Dinge dieser Welt.«* Richtig Skandal macht Teresa aber, als sie die Dinge ins eindeutig Erotische vorantreibt, gleichwohl sie bei genauerer Betrachtung die Bibel auf ihrer Seite hat. Sie spricht von »Verlobung«, von »Vermählung«, von »Hochzeit«; sie entnimmt ein kühnes Bildwort aus dem alttestamentlichen Hohelied, um ihre mystische Begegnung mit Gott zu schildern: *»Mein Geliebter ist mein, und ich bin sein. Wer vermag zwei so flammende Feuer zu trennen oder zu löschen?«*. Sie schreckt nicht einmal davor zurück zu sagen, dass die in den *»Bräutigam verliebte Seele alle diese Beglückungen und Ohnmachten und Tode und Traurigkeiten und Seligkeiten und Freuden durch ihn erfährt ...«*. So spricht sie oft, vor allem in den »Meditaciones sobre el Cantar de Cantares«, den »Meditationen über das Lied der Lieder« (= das Hohelied). Sind wir im falschen Film? Ist das nicht starker Tobak?

Wer seine mystischen Erfahrungen aus einem solchen Fundus schöpft, muss damit rechnen, dass einer bestimmten Sorte von Frommen die Haare zu Berge stehen. »Blasphemie!« – heißt es bei solchen, die davon geschockt sind, göttliche Dinge in der Nähe von Sex gerückt zu finden, wobei sie regelmäßig Platonismus mit Christentum und Vergeistigung mit Erlösung verwechseln. Jesus ist nicht gekommen, uns zu *vergeistigen* – er ist gekommen, um uns zu *erlösen*. Dazu ist er Mensch geworden, hat menschlichen *Leib* angenommen, ist in seinem *Leib* auferstanden und will uns in unserem *Leib* erlösen. Das ist wie eine späte Antwort auf die Klage des Ijob: »Ohne meine Haut, die so zerfetzte, und ohne mein Fleisch werde ich Gott schauen« (Ijob 19,26). Wir werden Gott eben nicht als Geister schauen, sondern als Menschen verwandelten *Leibes*. Gott ist zweifellos Geist – nicht Materie, aber wenn er Menschen zu sich bringen will, kann er nicht ihre materielle Verfasstheit überspringen – er muss sie in ihrem Leib glücklich machen, sie gewissermaßen sinnlich erlösen. Es ist wie mit dem Münchner im Himmel, der mit Recht unzufrieden ist mit dem ewigen Halleluja-Singen auf Wolke sieben.

»Sei freundlich zu deinem Leib«, sagt Teresa einmal, *»damit die Seele Lust hat, darin zu wohnen«.* Sie hat ein schwierig-schönes Verhältnis zu den Sinnen, zu ihrem Leib: Sie erlebt ihn in ihrer Jugend als strahlend und verführerisch, ist ihm eine Weile narzisstisch verfallen; gleichzeitig ist sie seit den frühen Zwanzigern ihres Lebens chronisch krank, sieht sogar dem Tod ins

Auge. Teresa ist ein erotischer, fühlender, sinnlicher Mensch, ein »flammendes Feuer«, dennoch verzichtet sie auf sexuelle Erfüllung in einer Ehe. Sie liebt die Natur, ist ein Augenmensch, versteht es zu genießen: *»Vor abgehobener Frömmigkeit und sauertöpfischen Heiligen bewahre uns, o Herr!«* Auf ihren Reisen schreibt sie einmal, man möchte ihr doch unbedingt verzukkerte Orangenblüten besorgen, *»möge es kosten, was es wolle«*. Und als ihr einmal jemand Vorhaltungen macht, weil sie vor Spaß in die Hände klatscht, als ihr

Leibgericht aufgetragen wird, konterte sie mit einem deftigen: »*Wenn Rebhuhn, dann Rebhuhn! Wenn Buße, dann Buße!*«

Für Aufklärer und Hobbypsychologen ist das ein gefundenes Fressen: Teresas unverhohlene Lust am Essen, die so gar nicht zum Asketen-Cliché des Heiligen passen will, ist sublimierter Triebdruck, ihre mystischen Vereinigungen mit Gott werden zu sinnlichen Projektionen einer unbefriedigten Frau. Doch wieder einmal verraten die Einwände mehr über diejenigen, die sie vorbringen, als über Teresa von Avila. Dürfen Heilige keine Genießer sein? Dürfen ehelose Menschen keine Wünsche nach Liebe, Freundschaft, erotischer Erfüllung haben? Und haben Menschen, die in erotischen Beziehungen leben, diese Wünsche etwa nicht? Ist Liebe denn ein abschließbarer Prozess? Oder geht Liebe – menschlich und christlich gesehen – nicht grundsätzlich über alle menschlichen Erfüllbarkeiten hinaus? Und sind nicht vielleicht gerade die freiwillig Sex- und Ehelosen um des Himmelsreiches willen der Stachel im Fleisch der zu früh Befriedigten, derer, die zu wenig erhoffen, weil sie es sich – »ein Lüstchen für den Tag, ein Lüstchen für die Nacht« (Friedrich Nietzsche) – wohlgemacht haben in ihren Nischen, wo doch jeder einzelne Mensch dafür bestimmt ist, einmal ein rauschendes Fest der Liebe zu erleben und in Gott eine Erfüllung zu finden, die über alle Erfüllungen anarchisch hinaus geht, auch über die sexuellen?

Dein Sterben – will Teresa sagen – wird zu deinem *Hochzeitsfest mit Gott*. Du bist nicht einmal die Hälfte dessen, was du bist. In der Vereinigung mit Gott wird dich die Liebe erst einholen, was immer du an Liebe oder Nichtliebe erfahren hast, wird dich die Liebe erst ganz machen, was immer dir hier zum ganzen, runden Leben gefehlt hat. Gott wird dir auf eine Weise genügen, dass dir Hören und Sehen vergeht. Warum sagt im Christentum niemand, dass ihr letztes Geheimnis ein erotisches ist? Warum überlassen wir die Integration der leiblichen Hoffnung den Tantrikern, bei denen Yoni und Lingam angebetet werden? Teresas schockierende erotisch-mystische Sprache ist nicht der verdrängte Triebdruck einer Unbefriedigten, sondern der Ausdruck einer kühnen, ekstatischen Glaubenshoffnung.

Eines Tages wird *»uns die Ewigkeit in Fülle schenken, was uns hier fehlt«*, tröstet Teresa einmal ihre Schwestern, weil sie unter primitiven Umständen leben. Doch die neue Erde beginnt schon hier: Erlösung ist fühl- und erfahrbar in den köstlichen Ahnungen geschaffener Dinge. Es meint, dass unser Hunger geschaffen ist, um ewig satt zu werden – unser Durst, um ewig erfüllt zu werden – unser Leib, um sich für immer zu vereinigen, mit dem, was er ersehnt – unser unruhiges Herz, um maßlos zu lieben. Es meint, dass Erlösung am ehesten vergleichbar ist mit einer Liebe, in der wir uns vergessen vor Freude – Teresa spricht von der *»einzigartigen Selbstvergessenheit«* – in der wir vor Glück zu tanzen beginnen, in der wir rauschhaft hingerissen sind im Anblick der Liebe – die Seele, sagt Teresa, *»denkt nicht mehr daran, dass es für sie einen Himmel geben könnte oder ein Leben oder Ehre...«* – in der wir uns fallen lassen können in endlosem Staunen, in der wir uns finden, weil wir uns hingeben, ohne Hintergedanken.

Viens, Esprit Saint – Komm, heiliger Geist …

Kehren wir zu dem Mann zurück, dessen Lebensgeschichte ein anderer, ein moderner Kommentar zu dem »Nada te turbe!« ist! Kommen wir wieder auf Frère Roger zu sprechen. Vielen wird er als der in Erinnerung bleiben, der inmitten der vielen saß – klein, fragil, überaus wach – das Mikrofon in die Hand nahm, um mit brüchiger Stimme nach Gott zu rufen, bevorzugt nach dem Heiligen Geist: »Viens, Esprit Saint …« – ein kaum darstellbares sehnsüchtiges, intimes Rufen, in dem Worte wie »feu (Feuer)«, »lumiere (Licht)«, »cœur (Herz)« eine Rolle spielten. Immer wieder geriet die ganze Kirche in den Bann des kleines Mannes, der so gar nichts dafür tat, seine Zuhörer in Bann zu ziehen. Er betete – und es war, als würde sich die Kraft seines Betens, die Intensität seiner Vereinigung mit Gott, auf eine geheimnisvolle Weise auf alle im Raum übertragen – auf die Alten und die Jungen, die Kinder und die Jugendlichen, auf die, welche seine Sprache sprechen und diejenigen, die ihre Bedeutung nur erahnen – als wären plötzlich alle ganz bei sich und ganz bei Gott.

Die Seele des Menschen, so hatte Teresa von Avila gelehrt, ist die Wohnung Gottes. Bei Frère Roger wurde dieses »in tiefster Seele« und »aus tiefster Seele« spürbar – nicht als Privileg des spirituellen Meisters (der er nie sein wollte), sondern als Geheimnis aller Glaubenden, als *mein* Geheimnis. Blicken wir zum

Abschluss einen Augenblick auf die Lebensgeschichte von Frère Roger, um zu verstehen, wie er dieses »Gott in mir« erfuhr, dass es zum Schluss nur noch so durchstrahlte durch seine gebrechliche Existenz!

Dein Angesicht, Herr, will ich suchen

1940, der Krieg hatte gerade begonnen, verließ ein junger Mann seine sichere Heimat, die Schweiz. Roger-Louis Schutz-Marsauche (1905–2005) zog nach

Frankreich, das Land, aus dem seine Mutter stammte. Der Sohn eines reformierten Pfarrers hatte selbst in Lausanne und Straßburg Theologie studiert. In der Jugend hatte er sich zeitweise vom Glauben an Gott verabschiedet, war zum Agnostiker geworden. Ein Psalmvers hatte ihn tief berührt und umgestimmt, als bekäme er von irgendjemand einen Auftrag: »Dein Angesicht, Herr, will ich suchen«. Der junge Student wollte Ernst machen mit Gott. Schon als er noch Student war, sammelte er Mitstudenten um sich; die »Grande Communauté« traf sich in einer Seitenkapelle der Kathedrale von Genf, um zu beten. Aber eine Lebensberufung wurde daraus zunächst nur für ihn selbst.

Roger war bei seiner Ankunft im abgelegenen Dorf Taizé 25 Jahre alt, aber ein bereits von Krankheit gezeichneter Mann. Eine Lungentuberkulose hatte seine Kräfte erschöpft. Er war dem Tod noch einmal von der Schaufel gesprungen. In schwierigster Zeit und ohne mit materiellen Mitteln ausgestattet zu sein, war der junge Mann nicht von dem Gedanken abzubringen, eine Gemeinschaft der Versöhnung zu gründen, in der in Stille und schlichtem Vertrauen auf das Evangelium die Barmherzigkeit Gottes gelebt wird. Das leidenschaftliche Engagement für Versöhnung und den Mut, dazu auch höchst einsame Schritte zu unternehmen, hatte er bei seiner Großmutter gelernt, einer grandiosen, auch sozial engagierten Frau. Sie gehörte dem reformatorischen Bekenntnis an, ließ sich dadurch aber nicht davon abhalten auch den katholischen Gottesdienst in ihrem Heimatort zu besuchen.

In Taizé also, kaum 10 km von Cluny entfernt, wo im Mittelalter das bedeutendste Kloster der Welt stand, fand er die äußere Möglichkeit, um unter bescheidensten Bedingungen einen Ort der Gastfreundschaft schaffen. Bereits der Beginn in Taizé war mit Zeichen versehen. Über eine kleine Anleihe kaufte Roger ein Anwesen – ein Haus mit Nebengebäuden – mit dem es seine besondere Bewandtnis hatte. Madame de Brie, die Besitzerin, führte ein intensives religiöses Leben und hatte neun Tage lang um einen guten Verkauf des Hauses gebetet, – wer wollte schon mitten im Krieg, in der Nähe der Front, ein Haus kaufen? – da kam dieser junge Mann. Später stellte sich noch heraus, das die Dame lange davor eine Korrespondenz mit einer Benediktinerin geführt hatte, die ihr – wie die Frère Roger-Biographin Kathryn Spink berichtet – 1923 einen eigenartigen Traum mitteilte: »In jener Nacht war ich zu Ihnen nach Taizé versetzt. Es waren dort Mönche, welche die Göttliche Liturgie sangen. Freude überflutete mein Herz ... Vielleicht wird einer Ihrer Urenkel in naher oder ferner Zukunft das Band der Vergangenheit wieder aufnehmen und mit Cluny neu beginnen. Wer kennt Gottes Plan?«

Dieses Haus wurde zu einer Zufluchtsstätte für Franzosen, aber auch für Juden, die vor den heranrückenden Deutschen flohen. Völlig auf sich gestellt, begann Roger – und er begann mit dem Gebet; dreimal am Tag war ihm nichts wichtiger als das. Vieles sollte auf den schmächtigen Mann mit der angegriffenen Gesundheit und den schwachen Reserven zukommen.

Er würde allem Stand halten. *Nicht soll dich erschrecken! Nichts dich verwirren!* Das erfuhr er in der Intimität des Gebetes. In der regelmäßig gesuchten Nähe zu Gott, nirgends sonst, wurzelt Frère Rogers Kultur des Vertrauens, die Freiheit zu gehen, wohin immer Gott ihn führen mochte.

Weil die Hilfesuchenden nicht weniger wurden, kam seine Schwester Geneviève nach Taizé, um dem einsamen, störrisch in seinen vorbildlosen inneren Weg vernarrten Bruder zu helfen. Anzubieten hatten die Geschwister Schutz-Marsauche nicht viel. Wasser gab es nur über den Dorfbrunnen. Das Essen bestand zumeist aus Maismehlsuppe, dem Hungergericht der armen Leute. Um zu leben, mit den Flüchtlingen zu überleben, bestellte Roger die kleine Landwirtschaft, die zu dem Haus gehörte, molk die einzige Kuh und sammelte Brennnesselblätter als Suppeneinlage. In einer der ersten Fassungen für eine Regel der Brüder sollte es später heißen. »*Der Arme im Sinne des Evangeliums lernt, ohne Sicherung für den nächsten Tag zu leben. Freudig vertraut er darauf, dass für alles gesorgt sein wird.*« Roger teilte das Wenige, was er hatte. Das war seine Predigt. Missioniert wurde nicht. Weil er die vielfach areligiös orientierten Gäste durch seine geistige Einstellung nicht provozieren und in Verlegenheit bringen wollte, zog sich Roger häufig zum Gebet in den Wald zurück.

Bald geriet das Projekt in höchste Gefahr. Frère Roger schreibt in seinem Buch ›Aufbruch ins Ungeahnte‹ von einem bestimmten Tag, der ihn zu dem brachte, was Teresa von Avila die *determinacio determinanda* – die entschiedene Entschiedenheit – genannt hätte:

»An diesem Sommerabend im Jahre 1942 war ich noch allein in Taizé... Ich wusste mich in Gefahr wegen der politischen Flüchtlinge, die ich im Hause beherbergte. Schwer hing die Drohung einer Verhaftung über mir. Eine Gruppe Zivilpolizisten, die auf Streife war, kam mich zu verhören. An jenem Abend, als die Angst mein Herz zusammenschnürte, stieg ein Gebet in mir auf, mit dem ich Gott anrief, ohne wirklich zu verstehen, was ich sagte: ‚Nimm mein Leben, wenn du es für gut befindest, aber gewähre, dass das, was hier begonnen hat, weitergehe.' Und was hatte hier vor zwei Jahren begonnen? Vor allem Gastfreundschaft und das einsame Gebet.« Dieser Abend, dieser Akt des Vertrauens, dieses Gebet der Hingabe war wohl die eigentliche Geburtsstunde von Taizé. Es war für Roger das, was für Teresa von Avila jene Stunde des Jahres 1554 war, in der sie vor dem Bild Christi resignierte, alle Selbststeuerungsversuche in ihrem Leben aufgab – und von Stund an eine Wirkungsgeschichte ohnegleichen entfalten konnte.

Die Anfänge der Communauté

Die Geschwister mussten weichen. Erst 1944 – *Geduld erreicht alles* – konnte Roger nach Taizé zurückkehren und den so einsam begonnenen Faden wieder aufnehmen. Und dieses Mal brachte er Gefährten mit. Noch informell hatten sich ihm die ersten Brüder angeschlossen. Damit begann das Gemeinschaftsleben in der Communauté. Die Brüder lebten von ihrer Hände Arbeit und, zudem in heute unvorstellbarer Armut. *Wer sich an Gott hält, dem fehlt nichts.* Die Communauté, die manchmal nicht wusste, wie es überhaupt weitergehen konnte, erlebte im Eifer der ersten Liebe eine ihrer erfüllendsten Zeiten: »Da wir nur wenige waren«, berichtet Frère Roger später, »konnten wir schwierige Augenblicke gut überstehen, indem wir ausgiebig lachten. Lachen war Teil unseres Lebens. Schon der geringste Anlass genügte, sogar beim gemeinsamen Gebet.« Ihr Engagement galt unter anderem einem Lager mit deutschen Kriegsgefangenen. Mit der Zeit konnten sie das Vertrauen der Lageraufseher gewinnen, so dass es den Gefangenen sogar erlaubt wurde, zum sonntäglichen Gottesdienst nach Taizé zu gehen.

Am 17. April 1949 legten die sieben Brüder, die Frères Roger, Max, Pierre, Daniel, Robert, Axel und Albert, ihr Gelübde ab; sie versprachen ein einfaches gemeinsames Leben in der Ehelosigkeit um des Himmelreiches willen. Diese Tat erregte größtes Aufsehen, waren Frère Roger und die ersten Brüder doch ausnahmslos evangelische Christen. Luther und die Reformatoren hatten dem Ordensleben in der evangelischen Kirche den Boden entzogen, sahen sie in der »Möncherei« doch den Versuch, Gott mit Werken statt mit gläubigem Vertrauen gnädig stimmen zu wollen.

Von heute aus gesehen, kann man kaum ermessen, wie einsam Frère Roger damals im Letzten gewesen sein musste. Nichts aus seiner Tradition ermutigte ihn, den Weg im weglosen Land zu gehen. Er ging ihn trotzdem – unter Zweifeln und vielerlei Anfechtungen. *Nichts soll dich erschrecken, nichts dich verwirren!* »Geh«, sprach er sich in seinem Tagebuch ›Aufbruch ins Ungeahnte‹ selbst Mut zu, »geh weiter, setz einen Fuß vor den andern, vom Zweifel geh weiter zum Glauben, und kümmere dich nicht um das, was unmöglich scheint. Entzünde ein Feuer, selbst mit den Dornen, die dich zerreißen.« Er entdeckte in sich Nachtwelten, Elemente der Zerrissenheit; so schrieb er in ›Kampf und Kontemplation‹: »*In jedem von uns verbergen sich Abgründe, Unbekanntes, Zweifel, wilde Leidenschaft, geheimes Leid … aber auch Schuldgefühle, niemals Eingestandenes, so sehr, dass sich uns ungeheure Leeren auftun. Triebe wühlen uns auf, man weiß nicht, woher sie kommen – urväterliche Erinnerungen oder genetische Bestimmtheit? Wenn wir Christus mit kindlichem Vertrauen in uns beten lassen, werden eines Tages die Abgründe bewohnbar sein*«. Der Frieden und die Gewissheit, all das, was durch das Gesicht des alten Priors wie eine Sonne hindurchstrahlte, reifte in vielen harten, dunklen Wintern.

Häufig fühlte Frère Roger ein Erschrecken über sich selbst; er entdeckte sich als zu schwach und fehlbar, um wirklich Verantwortung für andere auf sich zu nehmen. *Nichts soll dich erschrecken*, heißt es bei Teresa von Avila – nicht einmal du selbst sollst ein Schrecken für dich sein, könnte man hinzufügen. Einmal fand Frère Roger Trost im Gedanken, in jeder Gemeinschaft brauche es einen Menschen, der darüber wacht, dass sie sich nicht darauf beschränkt, ihre eigene Befriedigung zu suchen, sondern sich für das Universelle offen hält: »*Wenn in dir Scham darüber aufsteigt, dass du nicht der Mensch bist, der seinem Auftrag gewachsen ist, wenn du manchmal mit Gewalt das kupferne Kreuz, das du auf dem Gewand zum Gebet trägst, herunterreißen möchtest, denke an diese Stunde: ›In jeder Gemeinschaft braucht es einen Menschen …*‹« Wenig später legte Frère

Roger das Kreuz, das er seinerzeit noch über dem Gebetsgewand trug, ab. Einmal sprach er von dem »schmalen Grat«, auf dem er mit den Brüdern geht, sprach von drohender Leere, von Schwindelgefühlen und von Angst. »Weitergehen, immer weitergehen«, stammelt er, »ohne auf der einen oder anderen Seite abzurutschen!« Immer wieder musste er sich rückversichern in seinem Glauben: Gott allein genügt. Seine Berufung ist ausreichend. *Wer sich an Gott hält, dem fehlt nichts,* oder wie es später einmal Papst Benedikt sagen würde »Er gibt alles und nimmt nichts«.

Aber es genügte doch nicht, Gewissheit über den eigenen Weg wiedergewonnen zu haben. Was war mit denen, die er mit sich gerissen hatte – den Brüdern? »*Wie oft ergreift mich Staunen*«, schrieb er in ›Die Dynamik des Vorläufigen‹, »*wenn wir zum gemeinsamen Gebet in der Kirche versammelt sind. Diese Männer, meine Brüder, meine Lebensgefährten, halten treu aus in der Gotteserwartung. Sie bleiben vor Gott, ohne zu sehen, ja in gewissem Sinne ohne zu wissen, welche Antwort ihrer Erwartung zuteil werden wird. Höchste Verwunderung erfüllt mich über den Ernst dieser Männer, über ihre Treue, über die Freude, über den Kampf in ihrem Innern.*« Die Ergriffenheit des Priors über seine Brüder hat übrigens einen direkten Bezug zu Teresa von Avila; mit Vorliebe zitierte Frère Roger deren Wort: »Nicht die sind Heilige, die Gott sehen, sondern diejenigen, die an ihn glauben.«

Bald kamen evangelische, dann auch katholische Theologen, um das Experiment zu studieren. »*Wir wollen ein sichtbares Zeugnis für Jesus Christus und das Evangelium sein, indem wir als Versöhnte miteinander leben*«, ließ sie Frère Roger wissen. Wie er in den ersten Jahren von Taizé durch einfache Gastfreundschaft Versöhnung zwischen Juden, Nichtchristen und Christen schaffte, wie er nach dem Krieg Versöhnung zwischen Franzosen und Deutschen, zwischen Kriegsgewinnern und Kriegsverlierern, zwischen Gefangenen und ihren Aufsehern schaffte, indem er auf seine Weise Frieden stiftete – so gelang es Frère Roger und den Brüdern in den Fünfziger Jahren des letzten Jahrhunderts die verhärteten christlichen Konfessionen durch eine Ökumene des Vertrauens von innen her aufzubrechen. Frère Roger war deutlich geworden: »Die getrennten Christen mit ihrer vielfältigen konfessionellen Zugehörigkeit werden ohne Schwierigkeit immer neue, gute Gründe finden, um ihre parallelen Wege beizubehalten. Parallele Wege, die sich niemals treffen können – gerade das sagt ja der Begriff ›parallel‹. Die guten Gründe werden zur feststehenden Ausrede.«

Frère Roger suchte bewusst den Kontakt zu Rom und den »getrennten Brüdern«. Er begann Ökumene einfach zu leben, indem er kurzerhand die Türen seines Hauses für andere christlichen Denominationen öffnete. Bald schlossen sich die ersten Katholiken der Communauté an. Die »Mischehe« gelang nicht ohne große Anstrengungen, Mühen und Opfer: »*Es gibt keine Versöhnung ohne Verzicht auf beiden Seiten. An dem Tag, an dem es zu einer sichtbaren Gemeinschaft unter den Christen kommt, wird man sich selber sterben müssen*«, weitete Frère Roger die internen Erfahrungen auf das Ganze der Ökumene aus. »Eines Tages«, notierte sich Frère Roger, *»wird nur mehr zählen, dass man immer wieder zur Gemeinschaft zurückgefunden hat. Alles andere wird vergehen, ohne viele Spuren zu hinterlassen*«. Schon 1961 konnte Robert Grosche, ein römisch-katholischer Beobachter, konstatieren: »In Taizé ist jede Bitterkeit gegenüber der alten Kirche geschwunden.« Auch die evangelischen Kirchen trugen mehr und mehr die Gratwanderung ihres Bruders mit; zum 90. Geburtstag im Mai 2005 schrieb Bischof Huber dem greisen Prior: »Mittlerweile sind sehr viele Pfarrerinnen und Pfarrer unserer Kirchen durch den Geist von Taizé geprägt, gestärkt durch die Spiritua-

lität der Stille und fasziniert von der Schönheit des Einfachen. Und dass die beiden konfessionellen Quellen des Abendlandes weder verwischt noch übersprungen werden müssen, sondern sich im gegenseitigen Re-spekt vertiefen und verstärken können hin auf den einen Geist Jesu Christi, ist mit ihrem Lebensweg offensichtlich geworden.«

Frère Roger und Frère Max (Thurian) wurden zum Zweiten Vatikanischen

Konzil eingeladen und es gelang Frère Roger, in einen engen und herzlichen Austausch mit mehreren Päpsten zu treten. Der gütige Johannes XXIII. verliebte sich in das kühne Experiment in Burgund und schwärmte: »Ah, Taizé, der kleine Frühling!«. Unter Papst Paul VI. konnten Anfang der Siebziger Jahre Frère Roger und alle Brüder der Communauté zum ersten Mal in der katholischen Heiligen Messe die Eucharistie empfangen. Auf dem Konzil schon hatte sich eine persönliche Freundschaft zu einem jungen Bischof aus Krakau ergeben, der fasziniert war von dem evangelischen Prior und ihm Gastfreundschaft in Krakau und später alljährlich ein Privatgespräch in Rom gewährte: Johannes Paul II. Die Verbindung ging so tief, dass Frère Roger eine Ansprache des Papstes, die er 1986 bei einem Besuch in Taizé hielt, in »Die Quellen von Taizé« (so etwas wie die Ordensregel der Communauté) aufnahm.

Und wiederum horchte die Welt auf, als Frère Roger während der römischen Totenmesse für den verstorbenen päpstlichen Freund vom damaligen Präfekten der Glaubenskongregation öffentlich die Heilige Eucharistie dargereicht wurde – dem Mann, der wenig später als Benedikt XVI. aus dem Konklave kommen und der Welt verkünden sollte, diese Generation noch habe ein Anrecht auf *konkrete Zeichen* der Ökumene. Immer mehr Menschen ahnen, dass das eigentliche Laboratorium der Einheit im Glauben kein Verhandlungszimmer in Genf oder Rom *sein wird*, sondern eine Zelt- und Barackenstadt in Burgund *bereits ist*. Es ist wie im Gleichnis von der stillwachsenden Saat, die neben vielem Unkraut aufgegangen ist und zur Ernte bereitsteht. *Geduld erreicht alles!*

Leben im Heute Gottes

Etwas ist gewachsen – das organische Bild ist gut: »*Wir wollen weder eine Bewegung gründen, noch ein Vorbild sein … Gott allein wird uns im Leben von Ewigkeit sagen, was wir gewesen sind*«, sagte Frère Roger in seinem Buch ›Wenn das Vertrauen aller Dinge Anfang wäre‹ – und an anderer Stelle: »*Wir sind eine Ansammlung von Schwachheiten in Person, dabei aber eine Gemeinschaft,*

heimgesucht von einem anderen als wir selbst.« Ohne eigentliche Planung, nur getrieben von dem Impuls des Vertrauens in Gott, getrieben auch vom Impuls, dieses Vertrauen weiterschenken zu müssen, ergab sich eins aus dem anderen. ›Jeder Tag ein Heute Gottes‹ heißt ein anderes Buch von Frère Roger; in ihm findet sich eine Art Selbstverpflichtung des Priors von Taizé: »*Jeden Morgen den heraufziehenden Tag in Empfang nehmen. In jedem Menschen schafft Gott Neues. Im Heute Gottes leben, das ist das Wichtigste. Morgen wird wieder ein Heute sein.*«

Keine großen Pläne machen! Hinhören, was Gott will! Nichts festhalten, nicht einmal die eigene Geschichte! Leicht leben! Beweglich sein! So hat sich mancher darüber gewundert, dass Frère Roger fast alle Dokumente der Communauté vernichten ließ und die

Brüder aufgefordert hat, dies Jahr um Jahr so zu halten: Nur das Allernötigste wird aufgehoben. Das Andere wäre nur Ballast, der Freiheit nimmt und weniger bereit sein lässt, sich auf das einzustellen, was kommt.

Der Weg zum »Konzil der Jugend«

Den Kontakt zu den Jugendlichen haben die Brüder weder gesucht noch geplant; er ergab sich »zufällig«. Ende der Fünfziger Jahre kamen nur vereinzelt Jugendgruppen nach Taizé; sie zelteten am Dorfrand und forschten neugierig, was es mit den seltsamen »evangelischen Mönchen« auf sich haben mochte. Die Brüder nahmen das Phänomen nicht sonderlich ernst. Weil die Besucherzahl bald so groß geworden war,

dass die kleine romanische Dorfkirche aus den Nähten zu platzen drohte, entschloss man sich 1961 die sogenannte »Versöhnungskirche« zu bauen. Da man keine Mittel hatte, wandte man sich an den Internationalen Bauorden (eine Organisation, die workcamps für Jugendliche organisiert) und die Aktion Sühnezeichen. Bald kamen junge Freiwillige aus verschiedenen Nationen, darunter auch viele Deutsche, campierten auf dem Feld, teilten mit den Brüdern das Essen und packten gemeinsam an beim Bau der Kirche. Die Jugendlichen waren von dem Projekt so begeistert, dass sie auch dann noch kamen, als die Kirche längst errichtet war – und sie brachten ihre Freunde mit. Aus Gastfreundschaft wiesen die Brüder sie nicht ab – bis sie verstanden: Sie wurden ihnen geschickt als eine weitere Aufgabe.

So fand 1966 – kurz vor der Studentenrevolte und dem kollektiven »Abschied von den Vätern« – das erste Jugendtreffen statt, zu dem schon damals 1400 Jugendliche aus 30 Ländern kamen. Seither ist Taizé für Jugendliche ein ganz besonderer Ort, eine Art permanentes woodstock – ein christliches freilich, ohne Drogen, ohne Müll und ohne Lärm, doch mindestens so spannend wie der legendäre Ort in Kalifornien. In den Heimatländern, aus denen die Jugendlichen kommen, erreicht die Kirche die junge Generation meist nicht mehr. In Taizé hingegen strömen sie zu Gebet und Meditation, lesen in der Heiligen Schrift, übernehmen freiwillig kleine Jobs und Verantwortung für das gemeinsame Leben und lassen sich von den Brüdern im Glauben unterweisen. Noch in der Nacht beten und singen Jugendliche in der Kirche. Alles geschieht

in höchster Freiheit. Ganz zu Beginn in den 60er und frühen 70er-Jahren, in der großen Autoritätskrise, gewannen die Brüder das Vertrauen der Jugendlichen, indem sie ihnen zuhörten, statt sie zu indoktrinieren. Doch wer bereit war, etwas zu beginnen mit dem, was zu ihm oder aus ihm sprach – und sei es mit einem einzigen Wort aus der Bibel – erhielt Weisung: »*Denk daran*«, heißt es in den ›Quellen von Taizé‹: »*diese schlichte Sehnsucht nach Gott ist schon der Anfang des Glaubens*«.

1970 rief Frère Roger das »Konzil der Jugend« aus; 1979 wurde es vorläufig ausgesetzt und ging in den »Pilgerweg des Vertrauens« über. Nichts ist für die

Ewigkeit festgeschrieben. Alles ist im Fluss. Taizé ist weiterhin in Bewegung, aber gerade *keine* organisierte Bewegung, sondern der Versuch von Jugendlichen an allen Orten und im Alltag Sauerteig der Versöhnung zu sein, Frieden zu schaffen, Vertrauen zu schenken. Größere Treffen, wie sie nach wie vor in der warmen Jahreszeit permanent in Taizé stattfinden oder die (zuletzt immer wichtiger gewordenen) alljährlich zur Jahreswende von Brüdern und Jugendlichen organisierten »*Europäischen Jugendtreffen*«, zu denen schon einmal um die 100 000 Teilnehmer kommen, sind keine frommen Fluchtveranstaltungen, sondern intensive Tage des Hörens auf den Willen Gottes. Die Brüder – und mit ihnen die Jugendlichen, und mit ihnen alle, die von Frère Roger berührt wurden – sind wie auf dem Sprung, etwas Anderes/Neues zu machen, wenn sie das Gespür haben, etwas anderes machen zu sollen. *Alles vergeht.* Nur: *Gott bleibt derselbe.*

Glaube, der Mauern sprengt

Frère Roger ist tot. Teresa von Avila ist tot. Es geht hier nicht auf die Weise um sie, als könnte man sie auf ein Podest stellen, von ihnen einiges lernen und sie als eine schöne Vergangenheit bewundern. Es geht auch nicht um Ansätze oder Ideen von ihnen, die Erinnerer, Nachfolger und Fortsetzer bräuchten. Wenn Gott *ist*, dann sind wir alle, die Verstorbenen und die Lebenden, auf der Leinwand, weil sein Licht auf uns gefallen ist und weiter auf uns fällt. Roger und Teresa sind weiterhin Akteure in einem Film, in dem auch wir mitspielen. Dann agieren wir im selben Drehbuch. Dann gibt es die Mauern nicht mehr, in die Teresa eingesperrt war und die Roger so verachtete. Dann ergreift uns die eine Sprache des Heiligen Geistes, in der man quer durch die Zeiten und Kulturen miteinander kommunizieren und – in der lingua franca der Liebe – Gott für immer lobpreisen kann. Diese Sprache heißt Gebet. Frère Roger notierte sich einmal in ›Aufbruch ins Ungeahnte‹ folgende Alternative, vor die jeder Mensch gestellt sei: »*Entweder Schmerzen und Ängste münden in Selbstmitleid und Bitterkeit; stöhnend erstarrt der Mensch unter der zermalmenden Last, und alles ist verloren. Oder aber Schmerzen und Traurigkeit strömen über in den Lobpreis seiner Liebe. Er entreißt den Menschen der Passivität und gibt ihm die Kraft, allen Geschehnissen gerade ins Gesicht zu schauen.*«

Die Brüder des Priors hatten viel gelernt, dass sie in der Stunde seines Todes das Beten nicht unterbrachen. Es hält Himmel und Erde zusammen, ist der Wurzelgrund des Vertrauens, ist Beziehung über Äonen hinweg, verwebt uns mit dem Leben, macht uns immun gegen die Vorstellung, der Tod habe das letzte Wort, nimmt uns die Angst, gibt uns ein Gefühl für die Art, in der Gott uns führt und füreinander da sein lässt. »*Gestern Abend*«, vermerkte Frère Roger einmal in einer Tagebuchnotiz, »*kamen zwei Brüder aus Spanien zurück. In Avila besuchten sie den Karmel, ohne angekündigt zu sein. Sie stellen sich vor; die Schwester, die sie empfängt, ist nicht überrascht und stellt sogleich die Frage: Wie geht es Bruder Roger? Alle Tage ohne Ausnahme betet diese Kommunität für uns. Nun verstehe ich, warum wir durchhalten.*«

Am 22. August 2005 wurde Frère Roger in einer ergreifenden Feier zu Grab getragen. Es geschah so, wie es Frère Roger gefallen hätte: in der Stille und Einfachheit, in der Gott zu Wort kommen kann. Obwohl anglikanische und orthodoxe Würdenträger, evangelische und katholische Bischöfe, auch ein römischer Kardinal, zugegen waren, unterstand sich niemand eine Predigt zu halten. Es gab aber eine sichtbare Predigt in Gestalt einer kleinen alten Frau mit einem feinen Gesicht: Es war *Geneviève Schutz-Marsauche,* 93 Jahre alt, die leibliche Schwester des Priors, die Frau, die so maßgeblich in der Gründerphase von Taizé mitgewirkt hatte. Sie erschien ganz gefasst, unverwirrt und unerschrocken, von innen her getröstet, als wollte sie zu ihrem toten Bruder sagen: *Wie schön, dass dir nichts fehlt!*

Gebet

Eine brasilianische Basisgemeinde hat den Impuls des »Nada te turbe!« aufgegriffen und das *Solo Dios basta!* weitergedichtet.

GOTT ALLEIN kann schaffen, aber du kannst das Erschaffene pflegen und erhalten.

GOTT ALLEIN kann Leben schenken, aber du kannst es weitergeben und achten.

GOTT ALLEIN kann Gesundheit schenken, aber du kannst Rat geben und heilen.

GOTT ALLEIN kann den Glauben schenken, aber du kannst dein Zeugnis geben.

GOTT ALLEIN kann Hoffnung einpflanzen, aber du kannst deinem Bruder, deiner Schwester Vertrauen schenken.

GOTT ALLEIN kann die Liebe schenken, aber du kannst andere lieben lehren.

GOTT ALLEIN kann den Frieden schenken, aber du kannst Einheit stiften.

GOTT ALLEIN kann die Freude schenken, aber du allen dein Lächeln.

GOTT ALLEIN kann Kraft geben, aber du einen Entmutigten aufrichten.

GOTT ALLEIN ist der Weg, aber du kannst ihn den anderen zeigen.

GOTT ALLEIN ist das Licht, aber du kannst es in den Augen der anderen zum Leuchten bringen.

GOTT ALLEIN kann Wunder wirken, aber du kannst fünf Brote und zwei Fische herbeibringen.

GOTT ALLEIN kann das Unmögliche, aber du kannst das Mögliche tun.

GOTT ALLEIN genügt sich selbst, aber er hat es vorgezogen, auf dich zu zählen.

Der Autor dankt

Frère Wolfgang aus Taizé ganz herzlich für die kritische Lektüre des Textes und eine Fülle wichtiger Hinweise. Die Frère Roger betreffenden Teile des Buches stützen sich auf die folgenden Schriften Frère Rogers: »Das Heute Gottes«, © Ateliers et Presses de Taizé © der deutschen Ausgabe: Verlag Herder, Freiburg im Breisgau 1961; »Die Dynamik des Vorläufigen«, © Ateliers et Presses de Taizé © der deutschen Ausgabe: Verlag Herder, Freiburg im Breisgau 1978; »Die Gewalt der Friedfertigen«, © Ateliers et Presses de Taizé © der deutschen Ausgabe: Verlag Herder, Freiburg im Breisgau 1970; »Ein Fest ohne Ende«, © Ateliers et Presses de Taizé © der deutschen Ausgabe: Verlag Herder, Freiburg im Breisgau 1973; »Kampf und Kontemplation«, © Ateliers et Presses de Taizé © der deutschen Ausgabe: Verlag Herder, Freiburg im Breisgau 1974; »Aufbruch ins Ungeahnte«, © Ateliers et Presses de Taizé © der deutschen Ausgabe: Verlag Herder, Freiburg im Breisgau 1977; »Einer Liebe Staunen«, © Ateliers et Presses de Taizé © der deutschen Ausgabe: Verlag Herder, Freiburg im Breisgau 1980; »Die Quellen von Taizè«, © Ateliers et Presses de Taizé © der deutschen Ausgabe: Verlag Herder, Freiburg im Breisgau 2004; Kathryn Spink, Die Geschichte der Communauté von Taizé und ihres Gründers, © Verlag Herder, Freiburg im Breisgau 2005. Die Ausführungen über Teresa von Avila stützen sich im Wesentlichen auf ihre Schriften »La Vida« und »Meditaciones sobre el Cantar de Cantares«.

Bildnachweis: *Sabine Leutenegger, CH-Wil: S. 2, 6, 9, 11, 16, 18/19, 59, 71, 72, 74, 77; archivo Iconografico, S.A./ Corbis: S. 25; Massimo Listri/Corbis: S. 27; Martius/Martin M. Vicente: S. 35; dpa Picture-Alliance: S. 45; Interfoto: S. 48/49, 55; Privat: S. 68; ddp-Bild: S. 69.*